环球网校

严格按照全新考试大纲编写

一级建造师
同步章节习题集

建设工程经济

环球网校建造师考试研究院 主编

东南大学出版社
SOUTHEAST UNIVERSITY PRESS
·南京·

图书在版编目(CIP)数据

建设工程经济/环球网校建造师考试研究院主编
. —南京：东南大学出版社，2024.4
（一级建造师同步章节习题集）
ISBN 978-7-5766-1399-5

Ⅰ. ①建… Ⅱ. ①环… Ⅲ. ①建筑经济—资格考试—习题集 Ⅳ. ①F407.9-44

中国国家版本馆 CIP 数据核字(2024)第 081675 号

责任编辑：马伟　责任校对：张万莹　封面设计：环球网校·志道文化　责任印制：周荣虎

建设工程经济
Jianshe Gongcheng Jingji

主　　编：	环球网校建造师考试研究院
出版发行：	东南大学出版社
出 版 人：	白云飞
社　　址：	南京四牌楼 2 号　邮编：210096　电话：025-83793330
网　　址：	http://www.seupress.com
电子邮件：	press@seupress.com
经　　销：	全国各地新华书店
印　　刷：	三河市中晟雅豪印务有限公司
开　　本：	787 mm×1092 mm　1/16
印　　张：	11.5
字　　数：	283 千字
版　　次：	2024 年 4 月第 1 版
印　　次：	2024 年 4 月第 1 次印刷
书　　号：	ISBN 978-7-5766-1399-5
定　　价：	49.00 元

本社图书若有印装质量问题，请直接与营销部联系。电话（传真）：025-83791830

环球君带你学经济

一级建造师执业资格实行统一大纲、统一命题、统一组织的考试制度,由住房和城乡建设部、人力资源和社会保障部共同组织实施。一级建造师执业资格考试分为综合考试和专业考试。综合考试涉及的主要内容是建造师在建设工程各专业实际工作中需要掌握的通用知识,它在工程总承包及施工管理各个专业工程实践中具有一定的普遍性,包括《建设工程经济》《建设工程项目管理》《建设工程法规及相关知识》3个科目。专业考试涉及的主要内容是建造师在专业建设工程实际工作中需要掌握的专业知识,它在工程总承包及施工管理各个专业中的运用有较强的专业性,包括建筑工程、市政公用工程、机电工程、公路工程、水利水电工程等专业。

一级建造师《建设工程经济》考试时间为120分钟,总分100分。试卷共有两道大题:单项选择题、多项选择题。其中,单项选择题共60题,每题1分,每题的备选项中,只有1个最符合题意。多项选择题共20题,每题2分,每题的备选项中,有2个或2个以上符合题意,至少有1个错项,错选,本题不得分;少选,所选的每个选项得0.5分。

一级建造师执业资格考试既是对执业人员实际工作能力的一种考核,也是人才选拔、知识水平和综合素质提高的过程。在这个过程中,以题带学、以题带练,对于提升专业能力、顺利通过考试极为重要。为帮助考生巩固知识、理顺思路,提高应试能力,环球网校建造师考试研究院依据一级建造师执业资格考试最新考试大纲,精心选择并剖析高频考点,深入研究历年真题,倾心打造了这本同步章节习题集。环球网校建造师考试研究院建议您按照如下方法使用本书。

◇ **以题带学,学以致用**

学习方法有很多种,对于有一定基础的读者来说,通过做题带动知识点的学习,无疑是效率最高的一种方法;对于基础较弱的读者来说,快速学完相关知识点后,也应认真做题,以题带学,巩固所学知识。环球网校建造师考试研究院依据最新考试大纲,按照知识点精心选编章节习题,并对习题进行了分类——标注"必会"的知识点及题目,需要考生重点掌握;标注"重要"的知识点及题目,需要考生会做并能运用;标注"了解"的知识点及题目,考生了解即可,不作为考试重点。建议考生认真做好每一道题目,扎扎实实备考。

◇ **以题带练,融会贯通**

多做题、做好题,是复习备考过程中的法宝。本书中的每道题均是环球网校建造师考试研究院根据考试频率和知识点的考查方向精挑细选出来的。在复习备考过程中，建议考生勤于思考、善于总结，灵活运用所学知识，提升举一反三、融会贯通的能力。此外，建议考生对错题进行整理和分析，从每一道具体的错题入手，分析错误的知识原因、能力原因、解题习惯原因等，从而完善知识体系，达到高效备考的目的。

◇ **夯实基础，高效备考**

备考要关注做题质量。对于每道题，都要做到心中有数，知其然知其所以然，这样才能在完善的知识体系中抓住关键考点，提高做题正确率以及备考效率。考生还可以扫描目录二维码，进入一级建造师课程＋题库App，随时随地移动学习海量课程和习题，全方位提升应试水平。

本套辅导用书在编写过程中，虽几经斟酌和校阅，仍难免有不足之处，恳请广大读者和考生予以批评指正。

相信本书可以帮助广大考生在短时间内熟悉出题"套路"、学会解题"思路"、找到破题"出路"。在一级建造师执业资格考试之路上，环球网校与您相伴，助您一次通关！

请大胆写出您的得分目标＿＿＿＿＿

环球网校建造师考试研究院

目 录

第一篇 工程经济

第一章　资金时间价值计算及应用/参考答案与解析 …………………………… 3/104
第二章　经济效果评价/参考答案与解析 ………………………………………… 8/107
第三章　不确定性分析/参考答案与解析 ………………………………………… 14/110
第四章　设备更新分析/参考答案与解析 ………………………………………… 18/112
第五章　价值工程/参考答案与解析 ……………………………………………… 23/116

第二篇 工程财务

第六章　财务会计基础/参考答案与解析 ………………………………………… 29/120
第七章　费用与成本/参考答案与解析 …………………………………………… 33/122
第八章　收入/参考答案与解析 …………………………………………………… 37/125
第九章　利润与所得税费用/参考答案与解析 …………………………………… 42/129
第十章　财务分析/参考答案与解析 ……………………………………………… 44/130
第十一章　筹资管理/参考答案与解析 …………………………………………… 49/135
第十二章　营运资金管理/参考答案与解析 ……………………………………… 53/137

第三篇 工程计价

第十三章　建设项目总投资构成及计算/参考答案与解析 ……………………… 61/142
第十四章　工程计价依据/参考答案与解析 ……………………………………… 71/152
第十五章　设计概算与施工图预算/参考答案与解析 …………………………… 78/157
第十六章　工程量清单计价/参考答案与解析 …………………………………… 84/162
第十七章　工程计量与支付/参考答案与解析 …………………………………… 92/168
第十八章　工程总承包计价/参考答案与解析 …………………………………… 99/173

第十九章　国际工程投标报价/参考答案与解析 ………………………………………… 101/174

第二十章　工程计价数字化与智能化/参考答案与解析 …………………………………… 103/176

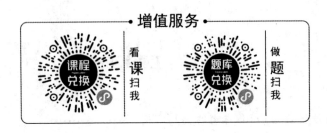

注：斜杠后的页码为对应的参考答案与解析，方便您更高效地使用本书。祝您顺利通关！

PART 1

第一篇
工程经济

学习计划:

扫码做题
熟能生巧

千里之行 始于足下

第一章　资金时间价值计算及应用

知识脉络

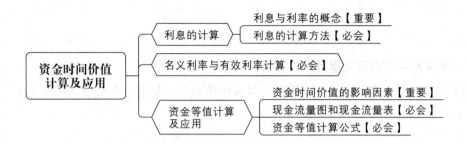

考点 1　利息与利率的概念【重要】

1.【单选】某公司现向银行贷款100万元,一年后支付利息5万元,则银行年利率为(　　)。
   A. 5%
   B. 6%
   C. 7%
   D. 8%

2.【单选】(　　)是决定利率水平的首要因素。
   A. 社会平均利润率
   B. 借出资本承担的风险
   C. 经济周期
   D. 风险

3.【单选】(　　)是资金收益或使用代价的绝对数,(　　)是资金收益或使用代价的相对数,表示资金的增值程度。
   A. 利息,利率
   B. 利率,利息
   C. 利润,利息
   D. 利息,利润

4.【单选】利息作为资金收益,风险越大,要求利率(　　)。
   A. 越低
   B. 越高
   C. 不变
   D. 不确定率

5.【多选】利息对经济活动的影响主要有(　　)。
   A. 影响居民资产选择行为
   B. 影响企业资金筹措决策
   C. 是投资者可选择的最佳投资手段之一
   D. 影响政府行为
   E. 是金融企业经营发展的首要条件

考点 2　利息的计算方法【必会】

1.【单选】某企业以单利计息的方式年初借款500万元,年利率6%,每年末支付利息,第5年末偿还全部本金,则第2年末应支付的利息为(　　)万元。
   A. 150
   B. 61.8
   C. 60
   D. 30

2. 【单选】某公司以复利方式借入1000万元，年利率8%，则第2年末该企业需偿还的本利和是（　　）万元。
   A. 160　　　　　　　　　　　　　　B. 1160
   C. 166.4　　　　　　　　　　　　　D. 1166.4

3. 【单选】某公司以单利方式一次性借入资金2000万元，借款期限4年，年利率8%，期满一次还本付息，则第4年末应偿还的本利和为（　　）万元。
   A. 2160　　　　　　　　　　　　　B. 2320
   C. 2640　　　　　　　　　　　　　D. 2720

考点 3　名义利率与有效利率计算【必会】

1. 【单选】某笔贷款，年利率6%，每半年复利计息一次，年末还本付息，则该笔贷款的实际利率是（　　）。
   A. 3%　　　　　　　　　　　　　　B. 6%
   C. 3.045%　　　　　　　　　　　　D. 6.09%

2. 【单选】已知名义利率为8%，每季度复利计息一次，则年有效利率为（　　）。
   A. 8.80%　　　　　　　　　　　　B. 8.24%
   C. 8.16%　　　　　　　　　　　　D. 8.00%

3. 【单选】某借款年利率为8%，半年复利计息一次，则该借款年有效利率比名义利率高（　　）。
   A. 0.16%　　　　　　　　　　　　B. 1.25%
   C. 4.16%　　　　　　　　　　　　D. 0.64%

考点 4　资金时间价值的影响因素【重要】

1. 【单选】在单位时间的资金增值率一定的条件下，资金使用时间越长，则资金的时间价值（　　）。
   A. 越小　　　　　　　　　　　　　B. 越大
   C. 不变　　　　　　　　　　　　　D. 无法判断

2. 【多选】关于资金时间价值的影响因素，下列说法正确的有（　　）。
   A. 在单位时间的资金增值率一定的条件下，资金使用时间越长，则资金的时间价值越小
   B. 在总资金一定的情况下，前期投入越多，资金正收益就越大
   C. 在资金周转效率一定的情况下，资金周转越快，在一定的时间内等量资金的周转次数越多，资金的时间价值越少
   D. 在其他条件不变的情况下，资金数量越多，资金的时间价值就越多
   E. 不同时机生产运营获利的可能性及水平高低不同，资金在不同时机使用增值潜力不同，具有不同的时间价值

3. 【单选】下列关于资金时间价值的说法中，正确的是（　　）。
   A. 资金的时间价值来源于资金在生产运营中发挥作用带来的增值
   B. 其他条件一定的情况下，借出资本的期限越长，利率越低
   C. 单利计算没有考虑资金的时间价值
   D. 资金周转越快，在一定时间内等量资金的周转次数越多，资金的时间价值越少

考点 5　现金流量图和现金流量表【必会】

1. 【多选】考虑资金的时间价值，下列两笔资金不可能等值的情形有（　　）。
   A. 金额相等，发生在不同时点
   B. 金额相等，发生在相同时点
   C. 金额不等，发生在不同时点
   D. 金额不等，但分别发生在期初和期末
   E. 金额不等，发生在相同时点

2. 【单选】下列关于资金等值和现金流量图的说法，错误的是（　　）。
   A. 金额相同，发生在不同时间，其时间价值就不相同
   B. 在现金流量图中，时间轴上的点通常表示的是该时间单位末的时点
   C. 在现金流量图中，时间轴上方的箭线表示现金流入
   D. 现金流量图的三要素为现金流量数额、长短和作用点

3. 【单选】关于现金流量图绘图规则的说法，不正确的是（　　）。
   A. 时间轴上方的箭线表示现金流入
   B. 箭线与时间轴的交点表示现金流量发生的时点
   C. 时间轴上的点通常表示一个时间单位的开始
   D. 横轴是时间轴，向右延伸表示时间的延续

考点 6　资金等值计算公式【必会】

1. 【单选】下列关于终值和现值计算的说法，错误的是（　　）。
   A. $F=P(1+i)^n=P(F/P,i,n)$
   B. $(F/P,i,n)=(1+i)^{-n}$
   C. $(F/P,i,n)=1/(P/F,i,n)$
   D. $(F/P,i,n)=(A/P,i,n)(F/A,i,n)$

2. 【单选】某企业拟对外投资，希望从现在开始的 5 年内每年年末等额回收本金 200 万元，若按年复利计息，年利率 8%，则该企业应对外的投资金额计算正确的是（　　）。
   A. $200(P/A,8\%,5)$
   B. $200(P/A,8\%,4)$
   C. $200(F/A,8\%,5)$
   D. $200(F/A,8\%,4)$

3. 【单选】某施工企业投资 500 万元购入一台施工机械，计划从购买日起的未来 5 年等额收回投资并获取收益。若基准收益率为 10%，复利计息，则每年初应获得的净现金流入为（　　）万元。
   A. $500\times(A/P,10\%,5)(P/F,10\%,5)$
   B. $500\times(P/A,10\%,6)$
   C. $500\times(A/P,10\%,5)(P/F,10\%,1)$
   D. $500\times(A/F,10\%,5)$

4. 【单选】某施工企业现在对外投资 300 万元，5 年后一次性收回本金与利息，若年基准收益率为 8%，则总计可收回资金（　　）万元。[已知：$(F/P,8\%,5)=1.4693$；$(F/A,8\%,5)=5.866$；$(A/P,8\%,5)=0.2505$]
   A. 1759.80
   B. 75.15

C. 351.96　　　　　　　　　　　　　　D. 440.79

5. 【单选】某施工企业每年年初存入银行100万元，用于3年后的技术改造，已知银行年利率为5%，按年复利计息，则到第3年年末可用于技术改造的资金总额为（　　）万元。
   A. 331.01　　　　　　　　　　　　　　B. 330.75
   C. 315.25　　　　　　　　　　　　　　D. 315.00

6. 【单选】已知某项目期初投资1000万元，预计10年内收回本息，年基准收益率为8%，如果采取等额本息的回收方式，每年年末应回收的资金是（　　）万元。
   A. 360.00　　　　　　　　　　　　　　B. 216.00
   C. 160.08　　　　　　　　　　　　　　D. 149.03

7. 【单选】某企业拟实施一项技术方案，第1年投资1000万元，第2年投资2000万元，第3年投资1500万元，投资均发生在年初，其中后两年的投资使用银行贷款，年利率为10%。该技术方案从第3年起开始获利并偿还贷款，10年内每年年末获净收益1500万元，贷款分5年等额偿还，则每年末应偿还（　　）万元。
   A. 814　　　　　　　　　　　　　　　　B. 976
   C. 1074　　　　　　　　　　　　　　　D. 1181

8. 【单选】甲向银行贷款10万元，贷款期限2年，年利率6%，每半年复利计息一次，则第2年年末甲需偿还（　　）万元。
   A. 10.00　　　　　　　　　　　　　　　B. 11.20
   C. 11.26　　　　　　　　　　　　　　　D. 12.55

9. 【单选】某企业向银行借款300万元，期限是3年，年利率为8%，半年计息并付息一次，第3年年末还本，则该企业到期需支付给银行的利息为（　　）万元。
   A. 70.00　　　　　　　　　　　　　　　B. 72.00
   C. 76.00　　　　　　　　　　　　　　　D. 79.60

10. 【单选】某企业年初向银行贷款100万元，按季度复利计息，年利率为8%，每年末支付利息，则两年末支付的利息总和为（　　）万元。
    A. 16.00　　　　　　　　　　　　　　B. 16.16
    C. 16.48　　　　　　　　　　　　　　D. 16.80

11. 【多选】某施工企业从银行借款100万元，借款期3年，年利率为10%，半年复利计息一次，则第3年年末一次归还的本利和计算公式正确的有（　　）。
    A. $100 \times (F/P, 10\%, 3)$
    B. $100 \times (A/P, 5\%, 6)(F/P, 5\%, 6)$
    C. $100 \times (F/P, 5\%, 3)$
    D. $100 \times (F/P, 5\%, 6)$
    E. $100 \times (F/P, 10.25\%, 3)$

12. 【单选】某企业年初向银行借款200万元，年利率为3%，银行规定每半年计息一次，若企业向银行所借的本金和利息均在第3年末一次向银行支付，则支付额为（　　）万元。
    A. 218.69　　　　　　　　　　　　　　B. 259.43
    C. 218.55　　　　　　　　　　　　　　D. 218.00

13. 【单选】某企业需向银行贷款，现有 4 种借款方案，甲银行贷款年利率 8%，按季计息；乙银行贷款年利率 8%，按月计息；丙银行贷款年利率 7.8%，按季计息；丁银行贷款年利率 7.8%，按月计息。该企业应向（　　）银行进行贷款。
    A. 甲　　　　　　　　　　　　　　　B. 乙
    C. 丙　　　　　　　　　　　　　　　D. 丁

14. 【单选】从现在起每年年末存款 1000 元，年利率为 12%，半年复利计息一次，第 5 年年末本利和为（　　）元。
    A. 5637　　　　　　　　　　　　　　B. 6353
    C. 6398　　　　　　　　　　　　　　D. 13181

第二章 经济效果评价

知识脉络

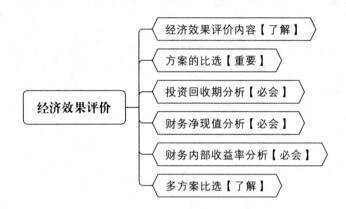

考点 1 经济效果评价内容【了解】

1.【单选】下列技术方案经济效果评价指标中,不属于确定性分析指标的是( )。
   A. 投资收益率　　　　　　　　B. 投资回收期
   C. 财务净现值　　　　　　　　D. 敏感性分析

2.【多选】技术方案的盈利能力分析重点是现金流分析,通过相关财务报表,计算方案的( )等指标,判断方案盈利能力大小。
   A. 财务内部收益率　　　　　　B. 财务净现值
   C. 偿债备付率　　　　　　　　D. 利息备付率
   E. 资产负债率

3.【单选】下列关于方案经济效果评价方法分类的描述,错误的是( )。
   A. 按性质不同分为定量分析和定性分析
   B. 对定量分析,按是否考虑时间因素分为静态分析和动态分析
   C. 按评价结果的肯定程度分为盈亏平衡分析和敏感性分析
   D. 定性分析是指对无法精确度量的重要因素实行的估量分析方法

4.【多选】对于经营性的方案项目,通过财务报表分析,计算财务指标,分析项目的( ),判断财务可接受性。
   A. 盈利能力　　　　　　　　　B. 经济敏感
   C. 偿债能力　　　　　　　　　D. 财务生存能力
   E. 经济费用效益

5.【单选】在方案的经济效果评价中,关于计算期的说法,正确的是( )。
   A. 计算期定的越长越好
   B. 计算期包括投产期和达产期
   C. 对需要比较的方案可取不同的计算期

D. 运营期包括投产期和达产期

考点 2　方案的比选【重要】

1. 【单选】投资收益率和财务净现值两个经济评价指标均属于（　　）。
   A. 静态评价指标
   B. 动态评价指标
   C. 反映偿债能力的指标
   D. 反映盈利能力的指标

2. 【单选】下列工程经济效果评价指标中，属于盈利能力分析动态指标的是（　　）。
   A. 投资收益率
   B. 财务净现值
   C. 流动比率
   D. 速动比率

3. 【多选】下列属于价值型指标的有（　　）。
   A. 财务净现值
   B. 费用现值
   C. 净年值
   D. 投资回收期
   E. 费用年值

考点 3　投资回收期分析【必会】

1. 【单选】下列关于静态投资回收期的说法，错误的是（　　）。
   A. 静态投资回收期考虑了资金的时间价值
   B. 静态投资回收期是指方案的净收益回收其总投资所需要的时间
   C. 计算静态投资回收期的总投资包括建设投资、建设期利息和流动资金
   D. 静态投资回收期可以自项目投产年开始算起，但应予注明

2. 【单选】关于静态投资回收期特点的说法，正确的是（　　）。
   A. 静态投资回收期只考虑了方案投资回收之前的效果
   B. 静态投资回收期可以单独用来评价方案是否可行
   C. 若静态投资回收期大于基准投资回收期，则表明该方案可以接受
   D. 静态投资回收期愈短，表明投资风险愈大

3. 【多选】静态投资回收期的优点是计算简单，可用于评价（　　）。
   A. 技术上更新迅速的方案
   B. 资金充裕的方案
   C. 政府已确定的方案
   D. 资金相当短缺的方案
   E. 未来的情况很难预测而投资者又特别关心资金补偿的方案

4. 【单选】某建设项目估计总投资3000万元，流动资金为200万元，建设当年即投产并达到设计生产能力，各年净收益为300万元，该项目静态投资回收期为（　　）年。
   A. 25
   B. 15
   C. 20
   D. 10

5. 【单选】某生产性建设项目，折算到第 1 年年末的投资额为 4800 万元，第 2 年年末的净现金流量为 1200 万元，第 3 年年末净现金流量为 1500 万元，自第 4 年年末开始净现金流量皆为 1600 万元，直至第 10 年寿命期结束，则该建设项目的静态投资回收期为（ ）年。

A. 4.24
B. 4.31
C. 4.45
D. 5.24

6. 【单选】某项目财务现金流量表的数据见下表，该项目的静态投资回收期为（ ）年。

计算期/年	0	1	2	3	4	5	6	7	8
净现金流量/万元	……	−800	−1000	400	600	600	600	600	600
累计净现金流量/万元	……	−800	−1800	−1400	−800	−200	400	1000	1600

A. 5.33
B. 5.67
C. 6.33
D. 6.67

7. 【单选】某技术方案的净现金流量见下表，则该方案的静态投资回收期为（ ）年。

计算期/年	0	1	2	3	4	5
净现金流量/万元	—	−1500	400	400	400	400

A. 3.25
B. 3.75
C. 4.25
D. 4.75

8. 【单选】某项目现金流量见下表，若基准收益率大于零，则其动态投资回收期可能是（ ）年。

计算期/年	0	1	2	3	4	5	6
净现金流量/万元	−300	60	60	60	60	60	60

A. 3.33
B. 3.63
C. 5.00
D. 5.40

考点 4 财务净现值分析【必会】

1. 【单选】关于技术方案财务净现值与基准收益率关系的说法，正确的是（ ）。
   A. 基准收益率越大，财务净现值越小
   B. 基准收益率越大，财务净现值越大
   C. 基准收益率越小，财务净现值不变
   D. 两者之间没有关系

2. 【单选】项目的盈利能力越强，则（ ）越大。
   A. 临界点
   B. 偿债备付率
   C. 财务净现值
   D. 动态投资回收期

3. 【单选】关于财务净现值指标，下列说法错误的是（ ）。
   A. $FNPV<0$，该项目一定是亏损的
   B. 考虑了资金的时间价值
   C. $FNPV$ 不能真正反映项目投资中单位投资的使用效率

D. 对于独立方案，应用 FIRR 评价与应用 FNPV 评价其结论是一致的

4.【单选】某项目的财务净现值前 5 年为 190 万元，第 6 年财务净现值为 30 万元。基准收益率为 10%，则前 6 年的财务净现值为（　　）万元。
A. 135　　　　　　　　　　　　　B. 148
C. 207　　　　　　　　　　　　　D. 220

5.【单选】某投资方案的初期投资额为 1200 万元，此后每年年末的净现金流量为 400 万元，若基准收益率为 15%，方案的寿命期为 15 年，则该方案的财务净现值为（　　）万元。
A. 1039　　　　　　　　　　　　B. 1139
C. 1239　　　　　　　　　　　　D. 1500

6.【单选】某投资方案建设期为 1 年，第 1 年年初投资 8000 万元，第 2 年年初开始运营，运营期为 4 年，运营期每年年末净收益为 3000 万元，净残值为零。若基准收益率为 10%，则该投资方案的财务净现值为（　　）万元。
A. 645　　　　　　　　　　　　　B. 8645
C. 9509　　　　　　　　　　　　D. 1510

7.【单选】某投资方案建设期为 2 年，建设期内每年年初投资 500 万元，运营期每年年末净收益为 200 万元。若基准收益率为 12%，运营期为 18 年，残值为零，并已知 (P/A, 12%, 18) = 7.2497，则该投资方案的净现值和静态投资回收期分别为（　　）。
A. 503.51 万元和 5 年
B. 503.51 万元和 7 年
C. 209.45 万元和 5 年
D. 209.45 万元和 7 年

考点 5　财务内部收益率分析【必会】

1.【单选】在方案经济效果评价中，使财务净现值为零的折现率称为（　　）。
A. 财务净现值率　　　　　　　　B. 财务内部收益率
C. 基准收益率　　　　　　　　　D. 投资收益率

2.【单选】对某常规技术方案进行现金流量分析，当折现率为 11% 时，财务净现值为 500 万元；当折现率为 13% 时，财务净现值为 16 万元。则该方案财务内部收益率可能的范围是（　　）。
A. 小于 11%
B. 大于 11%，小于 13%
C. 大于 12%，小于 13%
D. 大于 13%

3.【多选】某技术方案财务上可行，下列关于其财务内部收益率的说法，正确的有（　　）。
A. 小于基准收益率
B. 大于基准收益率
C. 等于基准收益率
D. 小于单位资金成本
E. 小于单位投资机会成本

4. 【单选】某投资方案的净现值与折现率之间的关系见下图。图中表明的正确结论是（　　）。

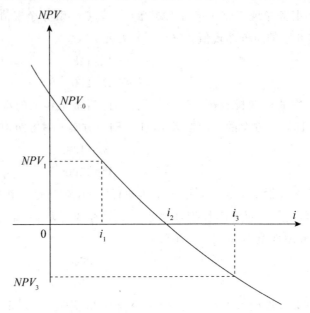

　　A. 投资方案的财务内部收益率为 i_2

　　B. 折现率 i 越大，投资方案的净现值越大

　　C. 基准收益率为 i_1 时，投资方案的净现值为 NPV_0

　　D. 基准收益率为 i_3 时，投资方案财务上可行

5. 【单选】某常规技术方案，$FNPV(16\%)=80$ 万元，$FNPV(18\%)=-40$ 万元。则方案的 $FIRR$ 最可能为（　　）。

　　A. 15.98%　　　　B. 16.21%　　　　C. 17.33%　　　　D. 18.21%

6. 【单选】下列关于项目财务内部收益率的说法，正确的是（　　）。

　　A. 计算内部收益率需要事先确定基准收益率

　　B. 常规现金流方案的内部收益率可能存在多个解

　　C. 内部收益率是使方案各年现值累计等于零的折现率

　　D. 内部收益率的评价准则是 $FIRR \geq 0$ 时方案可行

7. 【多选】某常规技术方案，当折现率为 10% 时，财务净现值为 -270 万元；当折现率为 8% 时，财务净现值为 30 万元。则关于该方案经济效果评价的说法，正确的有（　　）。

　　A. 当折现率为 9% 时，财务净现值一定大于 0

　　B. 内部收益率在 8%~9% 之间

　　C. 当行业基准收益率为 8% 时，方案可行

　　D. 当行业基准收益率为 10% 时，方案不可行

　　E. 当行业基准收益率为 10% 时，内部收益率小于行业基准收益率

考点 6　多方案比选【了解】

1. 【多选】根据多方案之间的经济关系类型，一组备选方案之间一般存在着的三种关系有（　　）。

　　A. 交叉关系　　　　　　　　　　B. 平行关系

C. 独立关系 D. 互斥关系

E. 相关关系

2. 【多选】下列关于计算期不同的互斥方案的比选方法，说法正确的有（ ）。

A. 研究期法也可称为最小计算期法

B. 通过研究期法计算各个方案的财务净现值，以财务净现值较小的为优

C. 最小公倍数法又称方案重复法

D. 通常的处理方法包括年值法、最小公倍数法和研究期法

E. 通过年值法计算出的各方案的等额年值最小的为最优方案

第三章 不确定性分析

■ 知识脉络

考点 1 盈亏平衡分析【必会】

1. 【单选】在方案盈亏平衡分析中，下列不属于可变成本的是（　　）。
   A. 无形资产摊销费
   B. 包装费
   C. 计件工资
   D. 燃料、动力费

2. 【单选】固定成本是指在技术方案一定的产量范围内不受产品产量影响的成本，下列属于固定成本的是（　　）。
   A. 材料费
   B. 包装费
   C. 修理费
   D. 计件工资

3. 【多选】下列条件中，属于线性盈亏平衡分析假设条件的有（　　）。
   A. 产销量和单位可变成本保持不变
   B. 产量等于销售量
   C. 产量发生变化时，单位可变成本不变
   D. 产量超过一定规模时，固定成本线性增加
   E. 产销量和销售单价不变

4. 【单选】某技术方案年设计生产能力为10万台，单台产品销售价格（不含增值税）为1000元，单台产品可变成本（不含增值税）为500元，单台产品营业税金及附加为50元。若盈亏平衡点年产量为5万台，则该方案的年固定成本为（　　）万元。
   A. 2250
   B. 4250
   C. 5750
   D. 9250

5. 【单选】某公司生产某结构件，设计年产销量为100万件，每件售价90元，固定成本每年800万元，单位产品的变动成本为50元，单位产品营业税金及附加为5元，方案达到设计生产能力时该公司可获得的年利润为（　　）万元。
   A. 2000
   B. 2700
   C. 3200
   D. 3500

6. 【单选】某技术方案年设计生产能力为4万件，年固定成本为36万元，产品市场价格为25元/件，产品可变成本为15元/件，该企业当年免征销售税金，则该方案达到设计生产能力时盈亏平衡点价格为（　　）元/件。
   A. 15
   B. 18
   C. 20
   D. 24

7. 【单选】某工厂设计年产销量为 7 万件，单位产品售价为 200 元，单位产品可变成本为 100 元，单位产品营业税金及附加为 30 元，年固定成本为 300 万元，达到设计生产能力时盈利（　　）万元。

   A. 70　　　　　　　　　　　　　　B. 120
   C. 150　　　　　　　　　　　　　　D. 190

8. 【单选】某项目设计生产能力为 50 万件/年，预计单位产品售价为 150 元，单位产品可变成本为 130 元，固定成本为 400 万元，该产品销售税金及附加为单位产品售价的 5%。则用产销量表示的盈亏平衡点是（　　）万件。

   A. 14.55　　　　　　　　　　　　　B. 20.60
   C. 29.63　　　　　　　　　　　　　D. 32.00

9. 【单选】某投资方案设计年生产能力为 50 万件，年固定成本为 300 万元，单位产品可变成本为 90 元/件，单位产品营业税金及附加为 8 元/件。按设计生产能力满负荷生产时，用产品售价表示的盈亏平衡点是（　　）元/件。

   A. 90　　　　　　　　　　　　　　B. 96
   C. 98　　　　　　　　　　　　　　D. 104

10. 【单选】某技术方案设计生产能力为 15 万台/年，固定成本为 1520 万元/年，产品售价为 920 元/台，可变成本为 630 元/台，单台产品的营业税金及附加为 50 元/台，则年利润为 880 万元时的生产能力利用率为（　　）。

    A. 45%　　　　　　　　　　　　　B. 50%
    C. 67%　　　　　　　　　　　　　D. 75%

考点 2　敏感性分析【必会】

1. 【单选】在投资项目经济评价的不确定性分析中，敏感性分析的目的是（　　）。

   A. 寻求敏感因素
   B. 度量项目风险的大小
   C. 判断项目承担风险的能力
   D. 分析不确定因素发生变化的概率

2. 【单选】单因素敏感性分析过程包括：①确定分析指标；②确定敏感性因素；③选取不确定因素；④计算不确定因素的变化对分析指标的影响；⑤对敏感性分析结果进行分析。正确的排列顺序是（　　）。

   A. ①③④②⑤
   B. ①②③④⑤
   C. ②④③①⑤
   D. ②③④①⑤

3. 【多选】下列关于敏感度系数 S_{AF} 的说法，正确的有（　　）。

   A. S_{AF} 越大，分析指标对于该不确定因素的敏感度越高
   B. $S_{AF} = (\Delta A/A)/(\Delta F/F)$
   C. $(\Delta A/A)$ 表示不确定性因素的变化
   D. $(\Delta F/F)$ 表示不确定性因素发生变化时，评价指标相应的变化率

E. $S_{AF} > 0$,表示评价指标与不确定因素同方向变化

4. 【单选】某投资方案财务净现值为115,方案经济效果可行。现对该项目进行单因素敏感性分析,选取投资额、产品价格和经营成本三个不确定因素,令其在初始值的基础上按±10%的变化幅度变动,分别计算相应的财务净现值见下表。该项目对三个因素的敏感程度由高到低依次为( )。

因素	变化幅度		
	−10%	0	10%
投资额	235	115	−5
产品价格	−95	115	325
经营成本	201	115	29

A. 投资额→产品价格→经营成本
B. 产品价格→投资额→经营成本
C. 投资额→经营成本→产品价格
D. 产品价格→经营成本→投资额

5. 【单选】在单因素敏感性分析中,当产品价格下降幅度为5.91%、项目投资额降低幅度为25.67%、经营成本上升幅度为14.82%时,该项目净现值为0。按净现值对产品价格、投资额、经营成本的敏感程度由大到小排序,依次为( )。

A. 产品价格→投资额→经营成本
B. 产品价格→经营成本→投资额
C. 投资额→经营成本→产品价格
D. 经营成本→投资额→产品价格

6. 【单选】对某技术方案进行单因素敏感性分析,选择净现值作为分析对象,见下图,甲、乙、丙三个不确定因素与 x 轴的交点分别为15%、10%、−5%。下列说法中,正确的是( )。

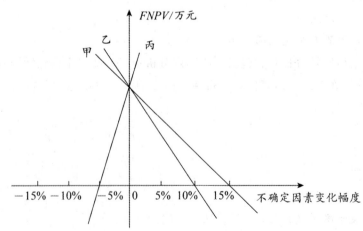

A. 由于15%大于10%,甲比乙敏感
B. 由于10%大于−5%,乙比丙敏感
C. 由于−5%小于15%,甲比丙敏感
D. 甲最不敏感

7.【单选】某投资方案的净现值 NPV 为 200 万元,假定各不确定性因素分别变化 +10%,重新计算得到该方案的 NPV 见下表,则最敏感因素为（   ）。

不确定因素及其变化	甲（+10）	乙（+10）	丙（+10）	丁（+10）
NPV/万元	120	160	250	270

A. 甲　　　　　　　　　　　　　　B. 乙
C. 丙　　　　　　　　　　　　　　D. 丁

8.【多选】某投资方案单因素敏感性分析见下图,下列说法正确的有（   ）。

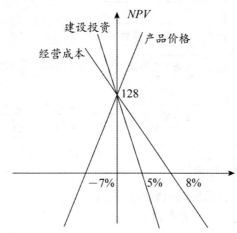

A. 净现值对建设投资波动最敏感
B. 初始投资方案的净现值为 128
C. 净现值对经营成本变动的敏感性高于产品价格变动的敏感性
D. 为保证项目可行,建设投资变动幅度最大不超过 8%
E. 按净现值判断,产品价格变动临界点比初始方案价格下降 7%

第四章 设备更新分析

■ 知识脉络

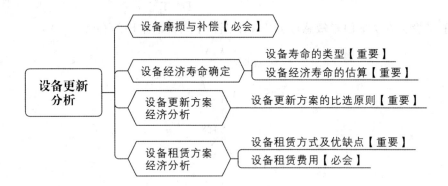

考点 1 设备磨损与补偿【必会】

1. 【单选】下列属于造成设备无形磨损原因的是（　　）。
   A. 高强度的使用导致设备自然寿命缩短
   B. 自然力的作用使设备产生磨损
   C. 技术进步创造出效率更高、能耗更低的新设备
   D. 设备使用过程中实体产生变形

2. 【单选】由于技术的进步，不断创造出性能更完善、效率更高的新设备，使原有设备相对陈旧落后，其经济效益相对降低而发生贬值。这种磨损称为（　　）。
   A. 第Ⅰ类有形磨损　　　　　　　　B. 第Ⅱ类有形磨损
   C. 第Ⅰ类无形磨损　　　　　　　　D. 第Ⅱ类无形磨损

3. 【单选】下列生产设备磨损形式中，属于第Ⅱ类有形磨损的是（　　）。
   A. 由于摩擦造成设备精度下降
   B. 市场上出现了生产效率更高的同种设备，使现有设备贬值
   C. 设备金属部件在自然力作用下锈蚀
   D. 机器设备由于长期振动，造成部分金属构件疲劳

4. 【单选】某设备在施工现场闲置了半年，橡胶件发生老化现象，其主要发生的磨损类型是（　　）。
   A. 第Ⅰ类有形磨损　　　　　　　　B. 第Ⅱ类有形磨损
   C. 第Ⅰ类无形磨损　　　　　　　　D. 第Ⅱ类无形磨损

5. 【单选】设备在使用过程中，磨损的程度与使用强度和使用时间长短有关的属于（　　）。
   A. 第Ⅰ类有形磨损
   B. 第Ⅱ类有形磨损
   C. 第Ⅰ类无形磨损
   D. 第Ⅱ类无形磨损

6. 【多选】设备发生磨损后，需要进行补偿，以恢复设备的生产能力，下列属于设备磨损的补偿形式有（　　）。
   A. 现代化改装 B. 大修理
   C. 设备调整 D. 更新
   E. 保养

7. 【多选】下列生产设备磨损形式中，属于无形磨损的有（　　）。
   A. 长时间的超负荷运转，造成设备的加工精度降低
   B. 出现了加工性能更好的同类设备，使现有设备相对落后而贬值
   C. 因设备长期封存不用，设备零部件受潮生锈，使设备维修费用增加
   D. 技术特性和功能不变的同类设备的再生产价值降低，致使现有设备贬值
   E. 出现效率更高、耗费更少的新型设备，使现有设备经济效益相对降低而贬值

8. 【多选】由于社会经济环境变化，社会劳动生产率的提高和科学技术的进步引起的固定资产原始价值贬值，称为（　　）。
   A. 精神磨损 B. 无形磨损
   C. 有形磨损 D. 物理磨损
   E. 经济磨损

9. 【单选】对于设备磨损的类型和补偿方法，下列说法正确的是（　　）。
   A. 设备磨损分为物质磨损和精神磨损
   B. 设备在使用过程中，在自然力的作用下产生的实体磨损称为第Ⅰ类有形磨损
   C. 设备无形磨损的局部补偿是修理
   D. 设备有形磨损和无形磨损的完全补偿是大修理

10. 【单选】某设备在使用过程中，由于外力作用造成设备发生损坏，同时出现了更为先进的设备，造成了该设备价值的降低，可以判断该设备遭受了（　　）。
    A. 第Ⅰ类有形磨损和第Ⅰ类无形磨损
    B. 第Ⅰ类有形磨损和第Ⅱ类无形磨损
    C. 第Ⅱ类有形磨损和第Ⅰ类无形磨损
    D. 第Ⅱ类有形磨损和第Ⅱ类无形磨损

11. 【单选】下列关于设备磨损的表述中，错误的是（　　）。
    A. 有形磨损造成设备的实体磨损
    B. 有形磨损引起设备价值的贬值
    C. 无形磨损是技术进步的结果
    D. 遭受无形磨损的设备不能继续使用

12. 【单选】某设备一年前购入后闲置至今产生锈蚀，其间由于制造工艺改进，使该种设备制造成本降低，其市场价格也随之下降，则该设备遭受了（　　）。
    A. 第Ⅰ类有形磨损和第Ⅱ类无形磨损
    B. 第Ⅱ类有形磨损和第Ⅰ类无形磨损
    C. 第Ⅰ类有形磨损和第Ⅰ类无形磨损
    D. 第Ⅱ类有形磨损和第Ⅱ类无形磨损

考点 2 设备寿命的类型【重要】

1. 【单选】某企业 2013 年初购买一台设备，使用 4 年后大修一次，累计使用 6 年后出现了技术更先进的生产线，但原生产线再次修改后又使用了 3 年便报废。则该生产线的自然寿命为（　　）年。
   A. 3　　　　　　　　　　　　　　　　B. 4
   C. 6　　　　　　　　　　　　　　　　D. 9

2. 【单选】下列关于设备自然寿命的说法，正确的是（　　）。
   A. 设备的自然寿命是指设备从全新状态下开始使用直到因大修为止所经历的全部时间
   B. 设备的自然寿命主要是由设备的有形磨损决定的
   C. 做好设备维修和保养能够从根本上避免设备的磨损
   D. 设备的自然寿命可以成为设备更新的估算依据

3. 【单选】下列关于设备技术寿命的说法，错误的是（　　）。
   A. 设备的技术寿命主要由设备的无形磨损决定
   B. 设备的技术寿命是指设备年平均维修费用最低对应的使用年限
   C. 设备的技术寿命一般短于设备的自然寿命
   D. 科学技术进步越快，设备的技术寿命越短

4. 【多选】下列关于设备经济寿命的说法，正确的有（　　）。
   A. 经济寿命是由维护费用的提高和使用价值的降低决定的
   B. 经济寿命是由维护费用的降低和使用价值的提高决定的
   C. 经济寿命即为设备年平均使用成本最低时的年限
   D. 经济寿命即为设备年运行成本最低时的年限
   E. 经济寿命是从经济角度衡量设备最合理的使用年限

5. 【单选】下列关于设备寿命的描述中，正确的是（　　）。
   A. 设备的技术寿命比自然寿命要长
   B. 设备的经济寿命是由技术进步决定的
   C. 设备更新的主要决策依据是设备的自然寿命
   D. 设备的技术寿命主要是由设备的无形磨损决定的

考点 3 设备经济寿命的估算【重要】

1. 【单选】某设备在不同使用年限（1～7 年）时的平均年度资产消耗成本和平均年度运行成本见下表，则该设备在静态模式下的经济寿命为（　　）年。

使用年限/年	1	2	3	4	5	6	7
平均年度资产消耗成本/万元	90	70	55	33	20	18	15
平均年度运行成本/万元	20	25	30	35	40	45	60

   A. 7　　　　　　　　　　　　　　　　B. 5
   C. 4　　　　　　　　　　　　　　　　D. 3

2. 【单选】某设备在 6 年的使用期中，平均年资产消耗成本分别为 600 元、400 元、267 元、200 元、160 元、90 元。平均年运行成本分别为 200 元、220 元、250 元、300 元、350 元、

450元，则这台设备的经济寿命为（　　）年。
   A. 2
   B. 3
   C. 4
   D. 5

3. 【单选】某设备目前的实际价值为6000元，预计残值为1000元，第1年设备运行成本为600元，每年设备的劣化增量是均等的，年劣化值为400元，则该设备的经济寿命是（　　）年。
   A. 4
   B. 5
   C. 6
   D. 7

4. 【单选】某设备目前的实际价值为42万元，预计残值为3万元，第1年的使用费为1.8万元，在不考虑资金时间价值的情况下估算得到该设备的经济寿命为13年，则该设备的平均年度资产消耗成本为（　　）万元/年。
   A. 2.81
   B. 2.96
   C. 3.00
   D. 4.76

考点 4　设备更新方案的比选原则【重要】

1. 【单选】某设备在5年前购买时原始成本为100万元，目前账面价格为50万元，现在市场价值仅为20万元，则对该设备进行更新分析时，其沉没成本为（　　）万元。
   A. 50
   B. 80
   C. 130
   D. 30

2. 【多选】在实际设备更新方案比选时，应遵循的原则包括（　　）。
   A. 只考虑未来发生的现金流量
   B. 以费用年值法为主
   C. 不考虑无形磨损
   D. 不考虑设备折旧
   E. 不考虑综合磨损

考点 5　设备租赁方式及优缺点【重要】

1. 【单选】下列关于设备租赁的说法，错误的是（　　）。
   A. 融资租赁的出租人对设备的维修保养不承担责任
   B. 大型设备宜采用经营租赁的方式租入设备
   C. 设备租赁一般有融资租赁和经营租赁两种方式
   D. 技术进步快的设备宜采用经营租赁的方式租入设备

2. 【多选】对于承租人来说，设备租赁与设备购置相比的优越性有（　　）。
   A. 减少投资风险
   B. 设备可以用于担保、抵押贷款
   C. 能用较少资金获得生产急需设备
   D. 设备租金可在所得税前扣除
   E. 可保持资金的流动状态

3. 【单选】对于承租人来说，设备租赁能够享受税费上的利益是因为（　　）。
   A. 设备租金能够在增值税前扣除
   B. 租赁设备能够享受国家税收减免
   C. 租赁设备可以享受国家税收优惠
   D. 设备租金能够在所得税前扣除

4. 【单选】对于承租人来说，设备租赁与设备购买相比，不足之处在于（   ）。
   A. 不能随意对设备进行改造、处置
   B. 不能保持资金的流动状态
   C. 不能享受税费上的利益
   D. 容易受利率波动的冲击

5. 【多选】下列关于设备租赁的说法，正确的有（   ）。
   A. 设备租赁在资金短缺时，可用较少资金获得急需的设备
   B. 租赁设备会给企业带来较大设备技术落后的风险
   C. 融资租赁合同规定严格，毁约罚款较多
   D. 在租赁期间可以将设备用于抵押贷款
   E. 若长年支付租金，租赁设备会使承租方企业形成长期负债

考点 6　设备租赁费用【必会】

1. 【多选】计算租金主要采用（   ）。
   A. 附加率法
   B. ABC分析法
   C. 估价法
   D. 年金法
   E. 年数总和法

2. 【多选】设备租赁费用包括的内容有（   ）。
   A. 租赁保证金
   B. 租金
   C. 担保费
   D. 年金
   E. 手续费

3. 【单选】对同一设备寿命期内租赁费、租金和购置原价三者之间的数量关系的描述，正确的是（   ）。
   A. 租赁费＞租金＝购置原价
   B. 租赁费＝租金＞购置原价
   C. 租赁费＜租金＜购置原价
   D. 租赁费＞租金＞购置原价

4. 【单选】某施工企业拟从租赁公司租入一台设备，该设备价格为64万元，寿命期和租期均为6年，每年年末支付租金，折现率为6％，附加率为3％，则按附加率法计算每年租金为（   ）万元。
   A. 10.67
   B. 14.51
   C. 16.43
   D. 20.27

5. 【单选】某租赁公司出租设备用附加率法计算的年租金为23.04万元，租期为4年，每年年末支付租金，折现率为8％，附加率为3％，这台设备的价格为（   ）万元。
   A. 74
   B. 71
   C. 68
   D. 64

6. 【单选】下列关于设备方案经济比选的说法中，正确的是（   ）。
   A. 设备更新不能在设备租赁与设备购买方案之间比选
   B. 对于寿命相同的设备方案，可以采用净现值法
   C. 对于寿命不同的设备方案，可以采用费用现值法
   D. 无论采用何种方法进行方案比选，均以成本较大的方案为宜

第五章 价值工程

知识脉络

考点 1　价值工程的含义【重要】

1. 【单选】关于价值工程中的价值 V、研究对象的功能 F、寿命周期成本 C，下列等式描述正确的（　　）。
   A. $V=F/C$　　　　　　　　　　B. $V=C/F$
   C. $V=F+C$　　　　　　　　　　D. $V=F-C$

2. 【单选】提高价值的途径中，（　　）是指在产品功能略有下降、产品成本大幅度降低的情况下，也可达到提高产品价值的目的。
   A. 投资型　　　　　　　　　　　B. 改进型
   C. 节约型　　　　　　　　　　　D. 牺牲型

3. 【单选】某工程原计划采用甲工艺进行施工，计划工期679天，后经价值工程优化，决定采用乙工艺代替甲工艺，达到了同样的施工质量，且工程成本未变，但工期提前了150天，同时减少业主贷款利息上千万元。根据价值工程原理，该提高建设项目价值的途径属于（　　）。
   A. 双向型　　　　　　　　　　　B. 节约型
   C. 投资型　　　　　　　　　　　D. 改进型

考点 2　价值工程的特点【重要】

1. 【单选】价值工程活动的核心是（　　）。
   A. 成本分析　　　　　　　　　　B. 功能分析
   C. 价值分析　　　　　　　　　　D. 功能改进

2. 【单选】价值工程的目标是（　　）。
   A. 功能分析　　　　　　　　　　B. 提高对象的价值
   C. 降低对象的费用　　　　　　　D. 提高对象的功能

3. 【单选】下列关于价值工程的说法，错误的是（　　）。
   A. 价值工程活动的核心是功能分析
   B. 价值工程的目标是提高对象的功能
   C. 价值工程强调技术方案创新
   D. 价值工程需要进行量化分析

4. 【多选】下列关于价值工程原理的描述中，正确的有（　　）。
   A. 价值工程基于商家视角解决问题
   B. 价值工程的目标是提高对象的价值
   C. 价值工程是一种有组织的管理活动
   D. 价值工程能有效实现对象技术和经济的结合
   E. 价值工程是以传统的方式解决问题

考点 3　价值工程实施步骤【必会】

1. 【多选】价值工程活动过程中，分析阶段的主要工作有（　　）。
   A. 对象选择　　　　　　　　　　B. 功能分析
   C. 功能评价　　　　　　　　　　D. 方案评价
   E. 成果鉴定

2. 【单选】价值工程分析阶段的工作步骤是（　　）。
   A. 收集整理信息资料→功能定义→功能评价
   B. 收集整理信息资料→功能分析→功能评价
   C. 功能评价→收集整理信息资料→功能分析
   D. 收集整理信息资料→功能评价→功能分析

3. 【多选】在价值工程活动中，进行功能分析前应完成的工作有（　　）。
   A. 方案创造　　　　　　　　　　B. 功能评价
   C. 对象选择　　　　　　　　　　D. 制订工作计划
   E. 提案编写

4. 【多选】价值工程具有自己独特的一套工作程序，在工程建设中，价值工程的工作阶段分为（　　）。
   A. 计划阶段　　　　　　　　　　B. 准备阶段
   C. 分析阶段　　　　　　　　　　D. 创新阶段
   E. 实施阶段

5. 【单选】在产品价值工程的工作程序中，功能评价的工作说明是（　　）。
   A. 明确产品的成本是多少
   B. 确定功能的目标成本
   C. 界定产品的用途
   D. 确定价值工程的研究对象是什么

6. 【多选】价值工程分析中，对象选择的方法有（　　）。
   A. 因素分析法　　　　　　　　　B. ABC 分析法
   C. 低劣化值法　　　　　　　　　D. 价值指数法
   E. 强制确定法

7. 【单选】（　　）是价值工程活动的核心，是为完整描述各功能及其相互关系而对各功能进行定性和定量的系统分析过程。
   A. 功能分类　　　　　　　　　　B. 功能定义
   C. 功能整理　　　　　　　　　　D. 功能分析

8. 【单选】(   ) 是与对象的主要目的直接有关的功能,是对象存在的主要理由。
   A. 辅助功能   B. 使用功能
   C. 基本功能   D. 过剩功能

9. 【单选】应用价值工程时,应选择 (   ) 作为价值工程活动优先改进的对象。
   A. 功能价值高、改善期望值大的功能
   B. 功能价值低、改善期望值大的功能
   C. 功能价值高、改善期望值小的功能
   D. 功能价值低、改善期望值小的功能

10. 【单选】采用功能成本法,求出评价对象的价值系数 $V=1$,表明为保证功能及功能水平值得的投入与功能目前成本投入 (   )。
    A. 一致   B. 相差较大
    C. 成正比   D. 成反比

11. 【多选】如果某方案计算出的价值系数大于1,说明该评价对象可能存在的情况有 (   )。
    A. 目前投入高于合理投入
    B. 寻找可能的替代方案
    C. 功能评价值估计过高
    D. 有特别的资源、技术优势或者管理手段实现了低投入
    E. 需要优先改进

12. 【单选】在利用价值工程的功能成本法进行方案分析时,下列功能价值分析的说法,错误的是 (   )。
    A. 当 $V=1$ 时,一般无须改进   B. 当 $V<1$ 时,可能功能过剩
    C. 当 $V>1$ 时,可能功能评价值估计过高 D. 当 $V>1$ 时,要优先改进

13. 【单选】四个互斥性施工方案的功能指数和成本指数见下表。从价值工程角度分析,无须改进的方案是 (   )。

方案	功能指数 F_i	成本指数 C_i
甲	1.35	1.15
乙	1.25	1.01
丙	1.02	1.02
丁	1.15	1.20

    A. 甲   B. 乙
    C. 丙   D. 丁

14. 【单选】现有甲、乙、丙、丁四种产品要进行功能价值分析,通过研究分析得到相应的价值系数分别是:$V_甲=0.5$,$V_乙=0.8$,$V_丙=1.1$,$V_丁=1.5$。该公司应优先研究改进的是产品 (   )。
    A. 甲   B. 乙
    C. 丙   D. 丁

15. 【单选】四个互斥性施工方案的功能指数和成本指数见下表。从价值工程角度分析,应优

先研究改进的方案是（　　）。

方案	价值系数 V_i	成本改善期望值
甲	0.97	3
乙	1.00	6
丙	0.84	9
丁	1.15	−4

A. 甲　　　　　　　　　　　　B. 乙
C. 丙　　　　　　　　　　　　D. 丁

PART 2

第二篇 工程财务

学习计划：

扫码做题
熟能生巧

吾生也有涯
而知也无涯

第六章 财务会计基础

■ 知识脉络

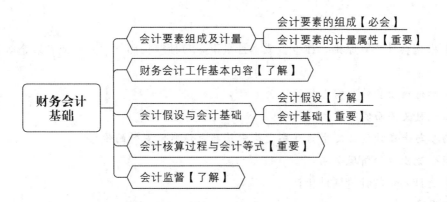

考点 1 会计要素的组成【必会】

1. 【多选】根据相关规定，下列资产中，不属于流动资产的有（　　）。
   A. 其他权益工具　　　　　　　B. 预付账款
   C. 应付账款　　　　　　　　　D. 应收账款
   E. 其他应付款

2. 【单选】某企业年初从银行借款60万元，该款项使企业形成现时义务且预期会导致企业经济利益流出，在会计核算中应归属的会计要素是（　　）。
   A. 负债　　　　　　　　　　　B. 资产
   C. 所有者权益　　　　　　　　D. 收入

3. 【多选】根据相关规定，下列各项中，属于所有者权益的有（　　）。
   A. 实收资本　　　　　　　　　B. 资本公积
   C. 盈余公积　　　　　　　　　D. 未分配利润
   E. 其他应收款

4. 【单选】某企业为销售产品购买横幅进行宣传，该款项会导致所有者权益减少的、与向所有者分配利润无关的经济利益的总流出，在会计核算中应归属的会计要素是（　　）。
   A. 资产　　　　　　　　　　　B. 费用
   C. 所有者权益　　　　　　　　D. 收入

5. 【多选】根据相关规定，下列资产中，属于流动资产的有（　　）。
   A. 预付款项　　　　　　　　　B. 长期应收款项
   C. 长期股权投资　　　　　　　D. 债权投资
   E. 交易性金融资产

6. 【多选】根据现行《企业会计准则》，应列入流动负债的有（　　）。
   A. 应收账款　　　　　　　　　B. 长期借款

C. 应交税费
D. 短期投资
E. 应付工资

考点 2 会计要素的计量属性【重要】

1. 【单选】某企业 2 年前以 20 万元购买的一台设备，累计已计提折旧 4 万元，现在市场上购买同样的设备需要 15 万元，则在会计计量时该设备的历史成本为（　　）万元。
   A. 20 B. 16
   C. 15 D. 11

2. 【单选】根据会计核算原则，在重置成本计量下，负债应按照（　　）或者现金等价物的金额计量。
   A. 现在偿付该项负债所需支付的现金
   B. 承担现时义务而实际收到的款项
   C. 市场参与者在计量日发生的有序交易中转移负债所需支付的价格
   D. 净现金流出量的折现金额

3. 【多选】会计要素的计量属性包括（　　）。
   A. 可变现净值 B. 公允价值
   C. 内在价值 D. 残值
   E. 公共价值

4. 【单选】甲企业 3 年前以 50 万元购置的一台设备，现在可以 25 万元卖出，卖出该设备需要发生成本、销售费用、税费等 1 万元，则该设备现在的可变现净值为（　　）万元。
   A. 26 B. 24
   C. 25 D. 50

5. 【单选】5 年前购置的一台新设备需要 200 万元，由于市场价格变动，如果现在购置同样的新设备只需要 160 万元，则该设备的重置成本为（　　）万元。
   A. 200 B. 40
   C. 360 D. 160

考点 3 财务会计工作基本内容【了解】

1. 【单选】会计的基本职能是（　　）。
   A. 预测和决策 B. 决策和评价
   C. 监督和管理 D. 核算和监督

2. 【多选】财务会计关键环节包括（　　）。
   A. 预测 B. 确认
   C. 计量 D. 记录
   E. 报告

考点 4 会计假设【了解】

1. 【单选】从空间上界定会计工作的具体核算范围所依据的会计核算的基本假设是（　　）假设。
   A. 会计主体 B. 持续经营

C. 会计分期　　　　　　　　　　　D. 货币计量
2.【多选】下列选项中，属于会计假设的有（　　）。
　　A. 会计主体　　　　　　　　　　　B. 持续经营
　　C. 会计分期　　　　　　　　　　　D. 货币计量
　　E. 会计核算

考点 5　会计基础【重要】

1.【单选】按照收入、支出和费用是否已经实现来确定本期收入、支出和费用的一种方法是（　　）。
　　A. 收付实现制　　　　　　　　　　B. 货币计量
　　C. 权责发生制　　　　　　　　　　D. 现金流量表

2.【单选】（　　）是指会计主体对各项收入、支出和费用的认定是以款项的实际收付时间作为标准。
　　A. 权责发生制　　　　　　　　　　B. 收付实现制
　　C. 相关性原则　　　　　　　　　　D. 应收应付制

3.【多选】在权责发生制下，下列货款应作为本月收入的有（　　）。
　　A. 收到上月销售商品的货款
　　B. 收到本月销售商品的货款
　　C. 商品未发出，但是款项已经收到的销售款
　　D. 预收下月的房租
　　E. 商品已经发出，但是款项尚未收到的销售款

4.【单选】某公司今年 3 月发生了以下业务：预付 11 月原材料款 5000 元；本月销售收入 20000 元，已收到的销售收入 15000 元；支付 9 月份的应付账款 5000 元。根据权责发生制的要求，今年 3 月份该公司的利润表中结算的收入金额是（　　）元。
　　A. 5000　　　　　　　　　　　　　B. 10000
　　C. 15000　　　　　　　　　　　　D. 20000

考点 6　会计核算过程与会计等式【重要】

1.【单选】企业以融资租赁方式租入固定资产，在法律形式上企业并不拥有其所有权，但在实质上企业能够控制融资租入固定资产所创造的未来经济利益，因此应当将以融资租赁方式租入的固定资产视为承租企业的资产进行管理和会计处理，这体现了会计核算的（　　）原则。
　　A. 重要性　　　　　　　　　　　　B. 谨慎性
　　C. 实质重于形式　　　　　　　　　D. 客观性

2.【多选】会计要素中，反映财务状况的要素包括（　　）。
　　A. 资产　　　　　　　　　　　　　B. 负债
　　C. 所有者权益　　　　　　　　　　D. 利润
　　E. 收入

3.【单选】动态会计等式是反映企业在一定会计期间经营成果的会计等式，其构成要素

是（   ）。

A. 收入、费用和利润

B. 资产和负债

C. 资产、负债和所有者权益

D. 收入和费用

4.【单选】资产＝负债＋所有者权益，关于此等式的说法不正确的是（   ）。

A. 此等式是会计恒等式中的静态会计等式

B. 此等式是会计恒等式中的第一会计等式

C. 此等式是反映企业一定经营期间经营成果的会计等式

D. 此等式的会计要素列入资产负债表

考点 7　会计监督【了解】

【单选】下列不属于会计监督内容的是（   ）。

A. 企业内部监督　　　　　　　　B. 个人监督

C. 政府监督　　　　　　　　　　D. 社会监督

第七章 费用与成本

知识脉络

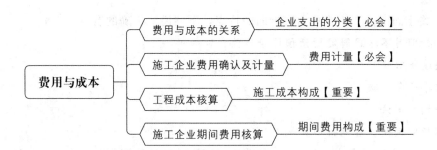

考点 1 企业支出的分类【必会】

1. 【多选】下列各项属于资本性支出的有（　　）。
   A. 企业购置和建造固定资产、无形资产的支出
   B. 长期待摊费用支出
   C. 管理费用
   D. 销售费用
   E. 财务费用

2. 【单选】在一个会计期间内,企业为进行生产购买一批原材料的费用属于（　　）。
   A. 资本性支出　　　　　　　　　　B. 企业对外投资支出
   C. 收益性支出　　　　　　　　　　D. 营业外支出

3. 【单选】根据我国现行《企业会计准则》,股利分配支出属于（　　）。
   A. 资本性支出　　　　　　　　　　B. 收益性支出
   C. 营业外支出　　　　　　　　　　D. 利润分配支出

4. 【单选】甲公司本年由于遭到泥石流而造成设备损坏、停工损失和善后清理费用共计 35 万元,由于销售商品发生的宣传费为 25 万元,支付银行借款利息 10 万元。甲公司本年度的营业外支出为（　　）万元。
   A. 35　　　　　　　　　　　　　　B. 60
   C. 70　　　　　　　　　　　　　　D. 45

5. 【多选】从支出的属性和日常会计核算的角度划分,企业支出可分为（　　）。
   A. 资本性支出　　　　　　　　　　B. 企业对内投资支出
   C. 收益性支出　　　　　　　　　　D. 营业外支出
   E. 缴纳所得税费用支出

考点 2 费用计量【必会】

1. 【多选】下列固定资产折旧方法中,属于加速折旧法的有（　　）。
   A. 工作量法　　　　　　　　　　　B. 年限平均法

C. 年数总和法 　　　　　　　　　D. 双倍余额递减法

E. 工作台班法

2. 【多选】下列内容属于存货成本的有（　　）。

A. 采购成本 　　　　　　　　　　B. 材料成本

C. 加工成本 　　　　　　　　　　D. 制造成本

E. 人工成本

3. 【多选】关于固定资产年数总和法折旧的特点，下列说法正确的有（　　）。

A. 计算折旧时不考虑固定资产预计净残值

B. 是快速折旧法

C. 折旧率逐年递减

D. 是平均折旧法

E. 前期折旧额高，后期折旧额低

4. 【单选】丙公司 2023 年花费 80 万元外购固定资产，预计使用年限为 10 年，净残值 5 万元。2023 年当年应计提的折旧为（　　）万元。

A. 7.5 　　　　　　　　　　　　　B. 8

C. 67.5 　　　　　　　　　　　　D. 72

5. 【单选】某施工机械预算价格为 1000 万元，预计可使用 20 年，每年平均工作 250 个台班，预计净残值 50 万元。按工作量法计提折旧，该机械台班折旧费为（　　）万元。

A. 0.20 　　　　　　　　　　　　B. 0.064

C. 0.19 　　　　　　　　　　　　D. 0.019

6. 【单选】某施工机械购置费用为 240 万元，折旧年限为 10 年，年平均工作 500 个台班，预计净残值率为 5%。按工作台班法计提折旧，该机械台班折旧费为（　　）元。

A. 500 　　　　　　　　　　　　B. 789

C. 623 　　　　　　　　　　　　D. 456

考点 3　施工成本构成【重要】

1. 【多选】从工程成本核算的角度判断，下列各项中属于工程直接费用中材料费用的有（　　）。

A. 建设工程中自有施工机械的使用费

B. 构成工程实体的原材料费

C. 检验试验费

D. 施工机械安装、拆卸和进出场费

E. 周转材料的摊销及租赁费用

2. 【单选】根据相关规定，在工程成本核算中，下列费用应计入间接费用的是（　　）。

A. 建筑安装工程施工人员的工资

B. 租用外单位施工机械的租赁费

C. 施工过程中发生的工程定位复测费

D. 企业下属的施工单位为组织和管理施工生产活动所发生的费用

3. 【单选】某建筑安装工程公司于当年 7 月末工程竣工，竣工后一次结算工程价款。7 月份发生施工费用如下：人工费 50 万元，机械使用费 80 万元，间接费用 8.4 万元，则此项工程实际成本是（　　）万元。

A. 38.4　　　　　　　　　　　　B. 140

C. 138.4　　　　　　　　　　　　D. 40

4.【单选】某施工企业发生安装工程施工人员工资 20000 元、材料二次搬运费 4500 元，第三项目经理部发生管理人员福利费 5000 元、水电费 2000 元、办公费 3000 元。上述费用中，企业的间接费用之和为（　　）元。

A. 30000　　　　　　　　　　　　B. 14500

C. 10000　　　　　　　　　　　　D. 44500

5.【单选】某施工企业于 2023 年 4 月完成一项为期 5 个月的建造合同，工程完工时共发生直接人工费 24 万元，直接材料费 480 万元，机械使用费 26 万元，应负担的间接费用 20 万元，则应计入该工程成本的费用为（　　）万元。

A. 550　　　　　　　　　　　　　B. 540

C. 500　　　　　　　　　　　　　D. 514

考点 4　期间费用构成【重要】

1.【单选】企业会计核算中，施工企业按照有关标准规定，对建筑以及材料、构件和建筑安装物进行一般鉴定、检查所发生的费用属于（　　）。

A. 建筑安装施工人员工资　　　　B. 管理费用

C. 其他直接费　　　　　　　　　D. 机械使用费

2.【多选】会计核算中，施工企业的期间费用包括（　　）。

A. 财务费用　　　　　　　　　　B. 管理费用

C. 直接费用　　　　　　　　　　D. 销售费用

E. 间接费用

3.【多选】某施工企业 1 月份支出如下：车辆保险费 1 万元，行政管理部门人员工资 2 万元，周转材料的摊销费 23 万元，第一项目部发生办公费 3 万元，行政管理部门会议费 5000 元，附属生产单位使用的属于固定资产的房屋设备折旧费 10 万元。根据《企业会计准则》及相关规定，下列属于期间费用的有（　　）。

A. 周转材料的摊销费

B. 第一项目办公费

C. 行政管理部门人员工资

D. 车辆保险费

E. 附属生产单位使用的属于固定资产的房屋、设备折旧费

4.【单选】某工程公司在承接项目中共发生业务招待费 2.5 万元，该项目完工时共发生广告费 12.5 万元，行政管理部门发生的水电费共 2 万元，管理部门交通工具检验费 10 万元。根据《企业会计准则》及相关规定，期间费用之和为（　　）万元。

A. 2　　　　　　　　　　　　　　B. 2.5

C. 14　　　　　　　　　　　　　 D. 27

5.【单选】施工企业向银行借款时的长期借款利息支出应计入企业的（　　）。
   A. 间接费用　　　　　　　　　　　B. 管理费用
   C. 财务费用　　　　　　　　　　　D. 生产费用

6.【单选】建设单位针对某项目建设投资发行债券进行融资。债券发行期限6年，项目建设期3年，建成后即投入运行，约定在债券发行期6年内每年年末等额偿还本息，发生手续费3000元。该建设单位支付的手续费应计入各年的（　　）。
   A. 经营成本　　　　　　　　　　　B. 管理费用
   C. 建设期利息　　　　　　　　　　D. 财务费用

7.【多选】下列施工企业发生的期间费用中，应计入销售费用的有（　　）。
   A. 销售部职工福利费
   B. 财务管理人员的工资
   C. 企业发行债券支付的手续费
   D. 销售产品发生的包装费
   E. 融资租入固定资产发生的融资租赁费用

8.【单选】某建筑公司2024年2月发生利息支出20万元，财产保险费5万元，办公费3万元，现金折扣10万元，汇兑损失2万元。根据《企业会计准则》及相关规定，其财务费用是（　　）万元。
   A. 15　　　　　　　　　　　　　　B. 40
   C. 32　　　　　　　　　　　　　　D. 25

第八章　收入

■ 知识脉络

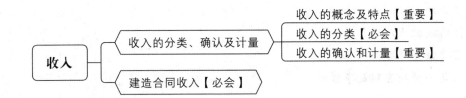

考点 1　收入的概念及特点【重要】

1.【单选】狭义上，企业在日常活动中形成的、会导致所有者权益增加的、与所有者投入资本无关的经济利益的总流入包含（　　）。
   A. 主营业务收入　　　　　　　　　B. 营业外收入
   C. 投资收益　　　　　　　　　　　D. 补贴收入

2.【多选】收入有狭义上的收入和广义上的收入之分，其中，广义上的收入包括（　　）。
   A. 投资收益　　　　　　　　　　　B. 营业收入
   C. 补贴收入　　　　　　　　　　　D. 营业外收入
   E. 出售固定资产

3.【多选】狭义上的收入，即营业收入，是指在销售商品、提供劳务及让渡资产使用权等日常活动中形成的经济利益的总流入，不包括（　　）。
   A. 接受捐赠　　　　　　　　　　　B. 补贴收入
   C. 主营业务收入　　　　　　　　　D. 营业外收入
   E. 其他业务收入

4.【多选】施工企业收取的下列款项中，应计入企业收入的有（　　）。
   A. 代收的修理费　　　　　　　　　B. 收到的工程价款
   C. 转让施工技术取得的收入　　　　D. 售价材料价款收入
   E. 代扣职工个人的所得税

5.【多选】收入的特点不包括（　　）。
   A. 包括为第三方或客户代收的款项
   B. 从偶发的交易或事项中产生
   C. 能导致企业所有者权益的增加
   D. 包括本企业经济利益的流入
   E. 从企业日常活动中产生，而不是从偶发的交易或事项中产生

6.【多选】下列选项中，不符合企业取得收入在会计核算中的表现形式的有（　　）。
   A. 所有者权益的减少　　　　　　　B. 银行存款增加
   C. 应收账款增加　　　　　　　　　D. 库存现金减少

E. 预收账款减少

7. 【多选】下列事项中,属于企业收入的有( )。
   A. 安装公司提供安装服务　　　B. 建筑企业提供建造服务
   C. 出售固定资产　　　　　　　D. 接受捐赠
   E. 代收的门票、机票费

8. 【单选】下列关于收入特点的表述,不正确的是( )。
   A. 资产的增加
   B. 负债的减少
   C. 所有者权益的增加
   D. 收入是一种经济利益净流入

考点 2　收入的分类【必会】

1. 【多选】按收入的性质分类,企业的收入分为( )。
   A. 建造合同收入　　　　　　　B. 销售商品收入
   C. 提供劳务收入　　　　　　　D. 让渡资产使用权收入
   E. 主营业务收入

2. 【单选】下列选项中,不属于建造合同收入的是( )。
   A. 为客户设计和建造房屋取得的收入
   B. 设计和建造大型机械设备取得的收入
   C. 销售自行加工的碎石取得的收入
   D. 设计和建造道路取得的收入

3. 【多选】下列选项中,属于提供劳务收入的有( )。
   A. 机械作业收入　　　　　　　B. 运输服务收入
   C. 设计业务收入　　　　　　　D. 产品安装收入
   E. 让渡资产使用权收入

4. 【单选】甲公司发放贷款取得利息收入2万元,机械作业收入10万元,代收运杂费12万元,让渡无形资产使用权收入20万元,建造大型机械取得收入4.5万元。甲公司让渡资产使用权取得的收入为( )万元。
   A. 22　　　　　　　　　　　　B. 20
   C. 24　　　　　　　　　　　　D. 44

5. 【多选】施工企业的其他业务收入包括( )。
   A. 建造合同收入　　　　　　　B. 材料销售收入
   C. 机械作业收入　　　　　　　D. 无形资产出租收入
   E. 固定资产出租收入

6. 【单选】2020年某施工企业施工合同收入为3800万元,兼营销售商品混凝土收入为600万元,出租起重机械收入为100万元,材料销售收入为400万元,固定资产出租收入为700万元,代收商品混凝土运输企业运杂费为200万元,则2020年该企业的营业收入为( )万元。
   A. 4700　　　　　　　　　　　B. 4500

C. 5100 D. 5600

7. 【单选】下列关于主营业务收入的说法，正确的是（　　）。
   A. 建筑业企业的主营业务收入主要是建造合同收入
   B. 主营业务收入包括产品销售收入、材料销售收入、机械作业收入
   C. 主营业务收入和其他业务收入的划分是固定不变的
   D. 其他业务收入对企业的经济效益产生较大的影响

8. 【多选】乙企业承接桥梁建设项目，取得建造合同收入9000万元，工程结束后处置该工程专用机械设备取得收入2000万元，通过技术转让取得收入1200万元。下列说法正确的有（　　）。
   A. 乙企业主营业务收入为9000万元
   B. 乙企业其他业务收入为1200万元
   C. 乙企业取得收入12200万元
   D. 主营业务收入对乙企业的经济效益产生了较大影响
   E. 其他业务收入对乙企业的经济效益产生了较大影响

考点 3　收入的确认和计量【重要】

1. 【多选】下列选项中，企业应当在客户取得相关商品控制权时确认收入的条件有（　　）。
   A. 合同各方未批准该合同并承诺将履行各自义务
   B. 该合同明确了合同各方与所转让商品或提供劳务相关的权利和义务
   C. 该合同有明确的与所转让商品相关的支付条款
   D. 该合同具有商业实质，即履行该合同将改变企业未来现金流量的风险、时间分布或金额
   E. 企业因向客户转让商品而有权取得的对价很可能收不回

2. 【单选】甲企业在签订合同时没有明确合同各方与所转让商品或提供劳务相关的权利和义务，甲企业只有在（　　）时，才能将已收取的对价确认为收入。
   A. 不再负有向客户转让商品的剩余义务，且已向客户收取的对价无需退回
   B. 不再负有向客户转让商品的剩余义务，或已向客户收取的对价无需退回
   C. 不再负有向客户转让商品的剩余义务
   D. 已向客户收取的对价无需退回

3. 【多选】企业与同一客户（或该客户的关联方）同时订立或在相近时间内先后订立的两份或多份合同，在满足下列（　　）条件之一时，应当合并为一份合同进行会计处理。
   A. 该两份或多份合同基于同一商业目的而订立并构成一揽子交易
   B. 该两份或多份合同中的一份合同的对价金额取决于其他合同的定价或履行情况
   C. 该两份或多份合同中所承诺的商品构成准则规定的单项履约义务
   D. 每份合同中所承诺的部分商品构成准则规定的单项履约义务
   E. 一份合同中所承诺的商品构成准则规定的单项履约义务

4. 【单选】合同变更增加了可明确区分的商品及合同价款，且新增合同价款反映了新增商品单独售价的，应当（　　）。
   A. 将该合同变更部分作为一份单独的合同进行会计处理
   B. 视为原合同终止，同时，将原合同未履约部分与合同变更部分合并为新合同进行会计处理

C. 只履行原合同

D. 只履行新合同

5. 【单选】合同变更新增合同价款没有反映新增商品单独售价，且在合同变更日已转让的商品或已提供的服务与未转让的商品或未提供的服务之间可明确区分的，应当视为（　　）进行会计处理。

   A. 将该合同变更部分作为一份单独的合同

   B. 只履行原合同

   C. 只履行新合同

   D. 原合同终止，同时，将原合同未履约部分与合同变更部分合并为新合同

6. 【单选】合同变更新增合同价款没有反映新增商品单独售价，且在合同变更日已转让的商品与未转让的商品之间不可明确区分的，应当（　　）进行会计处理。

   A. 将该合同变更部分作为一份单独的合同

   B. 将该合同变更部分作为原合同的组成部分

   C. 原合同终止，同时，将原合同未履约部分与合同变更部分合并为新合同

   D. 只履行新合同

7. 【单选】当履约进度不能合理确定时，企业已经发生的成本预计能够得到补偿的，应当（　　）确认收入，直到履约进度能够合理确定为止。

   A. 按照已经发生的成本金额　　　　B. 按照项目全部的成本金额

   C. 按照未发生的成本金额　　　　　D. 按照项目全部成本金额的一半

考点 4　建造合同收入【必会】

1. 【多选】将一项包括数项资产的建造合同分立为单项合同需同时具备一定的条件，这些条件包括（　　）。

   A. 每项资产均有独立的建造计划

   B. 每项资产的价值不低于合同价值的三分之一

   C. 每项资产可以独立进行分包，且可由不同的分包单位实施

   D. 每项资产的收入和成本可以单独辨认

   E. 与客户就每项资产进行单独谈判，双方能够接受或拒绝与每项资产有关的合同条款

2. 【单选】建造合同收入包括合同规定的初始收入和（　　）形成的收入。

   A. 材料销售、奖励

   B. 合同变更、索赔、奖励

   C. 让渡资产使用权、索赔

   D. 合同变更、劳务作业

3. 【多选】某固定总价施工合同，合同造价为 8000 万元，合同工期 3 年。假定第 1 年完工进度为 20%，第 2 年完成合同工程量的 45%，第 3 年完工交付使用，合同结果能可靠估计。关于该合同完工进度和收入确认的说法，正确的有（　　）。

   A. 第 1 年应确认合同收入 1600 万元

   B. 第 2 年应确认合同收入 2800 万元

   C. 第 3 年合同完工进度为 100%

D. 第3年应确认合同收入2800万元

E. 第2年合同完工进度为35%

4. 【单选】某跨年度建设项目合同总造价为60000万元，预计总成本为45000万元，2019年资产负债表日累计已确认收入为33000万元，2020年资产负债表日工程已完成总进度的90%，则2020年应确认的合同收入为（　　）万元。

   A. 33000
   B. 54000
   C. 21000
   D. 60000

5. 【多选】某总造价为8000万元的固定总价建造合同，约定工期为3年。假定经计算第1年完工进度为40%，第2年完工进度为75%，第3年全部完工交付费用，则关于合同收入确认的说法，正确的有（　　）。

   A. 第1年确认的合同收入为2800万元
   B. 第2年确认的合同收入为2000万元
   C. 第3年确认的合同收入少于第2年
   D. 第3年确认的合同收入为2000万元
   E. 3年累计确认的合同收入为8000万元

6. 【单选】某跨年度项目的合同造价为20000万元，预计合同总成本为19000万元，资产负债表日以前会计年度累计已确认的收入为10000万元，该工程现已完成工程进度的65%，则当期应确认的合同收入为（　　）万元。

   A. 3500
   B. 2000
   C. 3000
   D. 1000

7. 【单选】某建筑企业与甲公司签订了一项总造价为2100万元的建造合同，建设期为2年。第1年实际发生工程成本600万元，双方均履行了合同规定义务，但在第1年年末，建筑企业对该项工程的完工进度无法可靠估计。下列关于该合同收入与费用确认的说法，正确的是（　　）。

   A. 合同收入确认方法应采用完工百分比法
   B. 1500万元确认为当年的合同收入
   C. 600万元可确认为当年的合同收入
   D. 2100万元可确认为合同收入

8. 【单选】甲公司与乙公司签订了一项总造价为5000万元的建造合同，建设期为2年。第1年实际发生工程成本1000万元，双方均能履行合同规定的义务，但在年末，甲公司对该项工程的完工进度无法可靠估计。甲公司与乙公司只办理工程价款结算800万元，由于乙公司陷入财务危机而面临破产清算，导致其余款项可能难以收回。在这种情况下，甲公司应确认合同收入（　　）万元。

   A. 1000
   B. 5000
   C. 800
   D. 0

第九章 利润与所得税费用

■ 知识脉络

考点 1 利润的计算【重要】

1.【单选】某施工企业当期实现的主营业务收入为 15000 万元，主营业务成本为 9000 万元，其他业务利润为 5000 万元，管理费用和财务费用总计为 1000 万元，则该企业当期营业利润为（　　）万元。

　　A. 20000　　　　　　　　　　　　　　B. 11000
　　C. 10000　　　　　　　　　　　　　　D. 19000

2.【单选】某施工企业当期实际营业利润为 2600 万元，其他业务利润为 1000 万元，投资收益为 212 万元，营业外收入为 1500 万元，营业外支出为 600 万元，则该企业的利润总额为（　　）万元。

　　A. 4312　　　　　　　　　　　　　　B. 4100
　　C. 3712　　　　　　　　　　　　　　D. 3500

3.【单选】某施工企业本年发生主营业务收入 3704 万元，主营业务成本 1394 万元，其他业务收入 15 万元，管理费用 25 万元，营业外收入 12 万元，营业外支出 2 万元，所得税按 25% 计算，其净利润应为（　　）万元。

　　A. 577.5　　　　　　　　　　　　　　B. 1732.5
　　C. 2300.0　　　　　　　　　　　　　D. 1725.0

考点 2 税后利润的分配顺序【了解】

1.【多选】公司进行利润分配时，应在提取任意公积金前分配的有（　　）。

　　A. 向投资者分配利润　　　　　　　　B. 向股东分配股利
　　C. 提取留作以后年度分配的利润　　　D. 弥补公司以前年度亏损
　　E. 提取法定公积金

2.【单选】甲企业税后利润为 3000 万元，以前年度亏损 60 万元，提取法定公积金 1200 万元。为扩大生产经营，增加投资 200 万元，新股东进入增加公司注册资本 1000 万元，向投资者分配利润 1500 万元，则应在提取法定公积金前分配的金额是（　　）万元。

　　A. 2400　　　　　　　　　　　　　　B. 240
　　C. 540　　　　　　　　　　　　　　　D. 60

考点 3　所得税费用【重要】

1. 【单选】某施工企业 2023 年度利润表中营业利润为 4000 万元，营业外收入 1200 万元，营业外支出 1100 万元，适用所得税税率为 25%，则当期所得税为（　　）万元。
   A. 1025　　　　　　　　　　　　　　B. 1285
   C. 1575　　　　　　　　　　　　　　D. 425

2. 【单选】某施工企业 2023 年度利润总额为 10000 万元，企业当年发生公益性捐赠支出为 1300 万元，发生赞助支出共 400 万元。在计算 2023 年应纳税所得额时，该企业上述支出准予扣除的最大金额是（　　）万元。
   A. 400　　　　　　　　　　　　　　B. 1700
   C. 1300　　　　　　　　　　　　　　D. 1200

3. 【单选】计算企业应纳税所得额时，下列资产中，计算折旧需要扣除的是（　　）。
   A. 未投入使用的设备
   B. 以经营租赁方式租出的机械设备
   C. 以融资租赁方式租出的机械设备
   D. 已经足额提取折旧仍继续使用的固定资产

第十章　财务分析

知识脉络

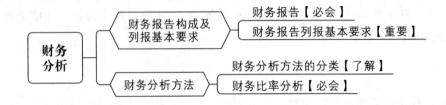

> **考点 1　财务报告【必会】**

1. 【单选】资产负债表中的负债项目是按照债务（　　）顺序排列。
   A. 借款数额从大到小　　　　　　B. 流动性从大到小
   C. 必须支付的时间　　　　　　　D. 坏账率从小到大

2. 【单选】关于资产负债表的作用，下列说法错误的是（　　）。
   A. 资产负债表能够反映企业的偿债能力
   B. 资产负债表能够反映企业在一定期间所拥有的各种资源总量及其分布情况
   C. 资产负债表可以提供某一日期的负债总额及其结构
   D. 资产负债表能够反映企业在某一特定日期企业所有者权益的构成情况

3. 【多选】下列选项中，属于利润表的项目有（　　）。
   A. 营业收入　　　　　　　　　　B. 净利润
   C. 利润总额　　　　　　　　　　D. 未分配利润
   E. 其他权益工具投资

4. 【单选】关于利润表的作用，下列表述不正确的是（　　）。
   A. 利润表是反映企业在一定会计期间财务状况的报表
   B. 利润表能反映企业在一定期间的收入和费用情况以及获得利润或发生亏损的数额，表明企业投入与产出间的关系
   C. 通过利润表提供的不同时期的比较数字，可以分析判断企业损益发展变化的趋势，预测企业未来的盈利能力
   D. 通过利润表可以考核企业的经营成果以及利润计划的执行情况，分析企业利润增减变化的原因

5. 【多选】根据我国现行《企业会计准则》规定，下列应计入投资活动产生的现金流量的有（　　）。
   A. 销售商品、提供劳务收到的现金
   B. 支付给职工以及为职工支付的现金
   C. 收回投资收到的现金
   D. 取得投资收益收到的现金

E. 购建固定资产、无形资产和其他长期资产支付的现金

6. 【单选】某建筑企业的现金流量表中，取得借款收到的现金属于（　　）产生的现金流量。
   A. 投资活动　　　　　　　　　　　　B. 资产处置活动
   C. 经营活动　　　　　　　　　　　　D. 筹资活动

7. 【多选】企业现金流量表中，属于经营活动产生的现金流量有（　　）。
   A. 处置子公司及其他营业单位收到的现金净额
   B. 取得子公司及其他营业单位支付的现金净额
   C. 分配股利、利润或偿付利息支付的现金
   D. 销售商品、提供劳务收到的现金
   E. 收到的税费返还

8. 【单选】某企业销售商品、提供劳务收到的现金共145万元，分配股利、利润和偿付利息支付的现金为205万元，收到的税费返还共25万元，则计入该企业投资活动产生的现金流量为（　　）万元。
   A. 0　　　　　　　　　　　　　　　B. 145
   C. 170　　　　　　　　　　　　　　D. 205

9. 【单选】某企业吸收投资收到的现金共20万元，偿还债务支付的现金共30万元，分配股利、利润和偿付利息支付的现金共50万元，购建固定资产、无形资产和其他长期资产支付的现金共70万元，则计入该企业筹资活动产生的现金流量为（　　）万元。
   A. 80　　　　　　　　　　　　　　　B. 120
   C. 170　　　　　　　　　　　　　　D. 100

10. 【单选】某企业销售商品收到现金共425万元，收到的政府补助共225万元，吸收投资收到的现金为300万元，取得借款收到的现金共200万元，则计入该企业经营活动产生的现金流量为（　　）万元。
    A. 650　　　　　　　　　　　　　　B. 725
    C. 500　　　　　　　　　　　　　　D. 925

11. 【多选】在编制企业财务报表中的现金流量表时，可视为现金和现金等价物的有（　　）。
    A. 价值变动风险小的投资
    B. 可转换定期存单
    C. 银行承兑汇票
    D. 企业短期购入的可流通的股票
    E. 三个月到期的国库券

12. 【多选】下列内容中，应当在财务报表附注中披露的有（　　）。
    A. 财务报表的编制基础
    B. 重要会计政策和会计估计
    C. 有助于财务报表使用者评价企业管理资本的目标、政策及程序的信息
    D. 报表不重要项目的说明
    E. 企业的基本情况

13.【单选】下列选项中,属于财务报表附注的作用的是( )。
  A. 财务报表附注是对财务报表的重要补充
  B. 有助于使用者对企业整体财务状况做出客观评价
  C. 可以分析判断企业损益发展变化的趋势
  D. 可以判断资本保值、增值的情况以及对负债的保障程度

考点 2 财务报告列报基本要求【重要】

1.【单选】下列属于编制财务报告列报基本要求的是( )。
  A. 应当以会计分期为基础
  B. 至少应当按年编制财务报表
  C. 重要项目单独列报,也可以根据需要选择合并列报
  D. 报表列示项目应相互抵销

2.【多选】根据现行《企业会计准则》,关于企业财务报表列报基本要求的情况,错误的有( )。
  A. 甲企业以持续经营为基础编制财务报表
  B. 乙企业的营业收入为重要项目,对于这一项目采用单独列报
  C. 丙企业在报表列示项目填报时,根据项目需要相互抵销
  D. 丁企业当期报表列报项目与上期报表列报项目不具有可比性
  E. 戊企业按月编制财务报表且未说明原因

3.【单选】除现金流量表按照收付实现制编制外,企业应当按照( )编制其他财务报表。
  A. 持续经营   B. 会计分期
  C. 货币计量   D. 权责发生制

考点 3 财务分析方法的分类【了解】

1.【多选】下列关于比率分析法的说法,正确的有( )。
  A. 比率分析法是财务分析最基本、最重要的方法
  B. 流动资产占资产总额的比率属于构成比率
  C. 资产净利率属于相关比率
  D. 存货周转率属于动态比率
  E. 动态比率分析法包括基期指数和环比指数两种方法

2.【单选】某施工企业 6 月份混凝土原材料的实际费用为 32 万元,而计划值为 30 万元,由于混凝土原材料费由工程数量、单位工程量混凝土耗用量和钢筋单价三个因素的乘积构成,若分析这三个因素对混凝土原材料的影响方向及程度,适宜采用的财务分析方法是( )。
  A. 概率分析法   B. 因素分析法
  C. 百分比分析法   D. 水平分析法

考点 4 财务比率分析【必会】

1.【多选】甲企业流动比率为 2.8,速动比率为 2;乙企业流动比率为 1.8,速动比率为 0.5。该行业平均的流动比率和速动比率分别为 2 和 1,关于该企业流动资产和偿债能力的说法,

正确的有（　　）。
A. 甲企业的偿债能力较强
B. 乙企业的偿债能力更强
C. 甲企业优于乙企业
D. 甲企业的速动资产偏低，存货比例过大
E. 乙企业的速动资产偏低，存货比例过大

2.【多选】分析企业债务清偿能力时，不可列入速动资产的有（　　）。
A. 银行存款
B. 预收账款
C. 存货
D. 交易性金融资产
E. 无形资产

3.【单选】在流动资产总额一定的情况下，关于速动比率的说法，正确的是（　　）。
A. 预收账款占流动资产比例越低，速动比率越高
B. 存货占流动资产比例越低，速动比率越高
C. 银行存款占流动资产比例越高，速动比率越低
D. 其他应收款占流动资产比例越高，速动比率越低

4.【单选】既能反映企业利用债权人提供资金进行经营活动的能力，也能反映企业经营风险的程度，可以作为综合反映企业长期偿债能力的重要指标的是（　　）。
A. 资产负债率
B. 权益乘数
C. 流动比率
D. 产权比率

5.【单选】甲企业的资产负债率为80%，下列关于甲企业的评价，正确的是（　　）。
A. 甲企业的偿债能力强，债权人有保障
B. 甲企业的获利能力强
C. 甲企业的财务风险大
D. 甲企业资产结构合理，没有财务风险

6.【单选】某企业资产总额年末数为200万元，流动负债年末数为25万元，长期负债年末数为45万元，则该企业资产负债率为（　　）。
A. 24%
B. 30%
C. 35%
D. 5%

7.【多选】下列属于偿债能力指标的有（　　）。
A. 投资回收期
B. 内部收益率
C. 利息备付率
D. 偿债备付率
E. 资产负债率

8.【单选】偿债备付率是指企业在借款偿还期内（　　）的比值。
A. 息税前利润与当期应还本付息金额
B. 税后利润与上期应还本付息金额
C. 可用于还本付息的资金与上期应还本付息金额
D. 可用于还本付息的资金与当期应还本付息金额

9.【单选】投资方案经济效果评价指标中，利息备付率是指技术方案在借款偿还期内

的（　　）的比值。

A. 息税前利润与当期应付利息金额
B. 息税前利润与当期应还本付息金额
C. 利润总额与当期应付利息金额
D. 利润总额与当期应还本付息金额

10.【单选】下列关于利息备付率的说法，正确的是（　　）。

A. 利息备付率越大，表明利息偿付的保证度越大
B. 利息备付率越小，表明利息偿付的保证度越大
C. 利息备付率大于零，表明利息偿付能力强
D. 利息备付率小于零，表明利息偿付能力强

11.【多选】企业财务分析中，用于衡量资产管理效率的指标有（　　）。

A. 总资产周转率　　　　　　　　B. 资产负债率
C. 流动资产周转率　　　　　　　D. 流动比率
E. 应收账款周转率

12.【多选】企业财务比率分析中，反映盈利能力的指标有（　　）。

A. 总资产周转率　　　　　　　　B. 权益净利率
C. 速动比率　　　　　　　　　　D. 总资产净利率
E. 资产负债率

13.【单选】为了客观分析企业盈利能力，甲企业收集相关分析数据时排除了证券买卖等正常经营项目、已经或将要停止的营业项目、重大事故或法律更改等特别项目、会计准则或财务制度变更带来的累积影响。其中，不属于应当排除的项目是（　　）。

A. 证券买卖等正常经营项目
B. 已经或将要停止的营业项目
C. 重大事故或法律更改等特别项目
D. 会计准则或财务制度变更带来的累积影响

14.【多选】下列比率指标中，属于反映企业发展能力的指标有（　　）。

A. 权益净利率　　　　　　　　　B. 资本积累率
C. 总资产周转率　　　　　　　　D. 营业收入增长率
E. 利息备付数

15.【单选】某建筑企业2023年年初的所有者权益为4000万元，2023年年末的所有者权益为4800万元，则该企业2023年度的资本积累率为（　　）。

A. 60%　　　　　　　　　　　　B. 40%
C. 80%　　　　　　　　　　　　D. 20%

16.【单选】杜邦财务分析体系揭示的是企业获利能力及财务杠杆应用对（　　）的影响。

A. 总资产净利率　　　　　　　　B. 权益乘数
C. 权益净利率　　　　　　　　　D. 速动比率

第十一章 筹资管理

知识脉络

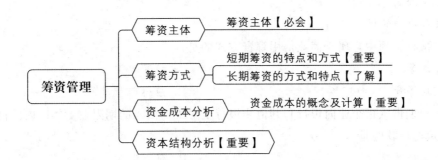

考点 1　筹资主体【必会】

1.【单选】下列企业筹集资金的方式中,属于外源筹资中直接筹资方式的是(　　)。
   A. 发行股票
   B. 向银行申请贷款
   C. 委托信托公司进行证券化筹资
   D. 变卖闲置资产

2.【多选】下列企业筹集资金的方式中,属于内源筹资的有(　　)。
   A. 债券筹资
   B. 优先股筹资
   C. 普通股筹资
   D. 留存收益
   E. 生产发展基金

3.【单选】甲企业发行股票100万元,向银行申请贷款200万元,发行企业债券50万元,变卖闲置资产共10万元,提取职工福利基金共30万元,其中直接筹资金额为(　　)万元。
   A. 150　　　　　　　　　　　　B. 250
   C. 300　　　　　　　　　　　　D. 330

4.【单选】乙企业发行债券300万元,通过优先股筹资共200万元,发行普通股共200万元,应收账款共220万元,更新改造基金共180万元,其内源筹资金额为(　　)万元。
   A. 420　　　　　　　　　　　　B. 500
   C. 520　　　　　　　　　　　　D. 400

5.【多选】关于项目融资特点的说法,正确的有(　　)。
   A. 以项目为主体的融资活动
   B. 项目融资主要根据项目的预期收益、资产以及政府扶持措施的力度来安排融资
   C. 有限追索贷款
   D. 不能合理分配投资风险
   E. 信用结构灵活

考点 2　短期筹资的特点和方式【重要】

1. 【多选】和长期负债筹资相比，短期负债筹资的特点有（　　）。
   A. 筹资速度快
   B. 筹资弹性好
   C. 筹资成本较低
   D. 筹资风险高
   E. 债权人承担的风险较高

2. 【单选】下列选项中，属于商业信用筹资方式的是（　　）。
   A. 发行债券
   B. 融资租赁
   C. 优先股筹资
   D. 应付账款

3. 【单选】短期借款指企业向银行和其他非银行金融机构借入的期限在1年以内的借款，下列不属于短期借款的是（　　）。
   A. 生产周转借款
   B. 商业借款
   C. 临时借款
   D. 结算借款

考点 3　长期筹资的方式和特点【了解】

1. 【多选】与其他长期负债筹资相比，长期借款筹资的优点为（　　）。
   A. 筹资速度快
   B. 借款弹性大
   C. 财务风险大
   D. 限制条款多
   E. 用款期间发生变动，亦可与银行再协商

2. 【单选】下列关于债券发行的说法中，错误的是（　　）。
   A. 公司债券的发行价格通常有三种：平价、溢价和折价
   B. 溢价指以高出债券票面金额的价格为发行价格
   C. 债券发行价格的形成受诸多因素的影响，其中主要是票面利率与市场利率的一致程度
   D. 当票面利率低于市场利率时，以溢价发行债券

3. 【单选】与其他长期负债筹资方式相比，长期债券筹资的突出优点在于（　　）。
   A. 筹资规模较大
   B. 借款弹性大
   C. 筹资速度快
   D. 筹资成本较低

4. 【多选】融资租赁的租金应由（　　）构成。
   A. 资产的购买价
   B. 资产的运杂费、运输途中的保险费
   C. 租赁资产成本的利息
   D. 租赁手续费
   E. 运达后设备的保险费

考点 4　资金成本的概念及计算【重要】

1. 【单选】下列资金成本中，属于资金占用费的是（　　）。
   A. 代理发行费　　　　　　　　　B. 债券利息
   C. 律师费　　　　　　　　　　　D. 发行债券支付的印刷费

2. 【单选】企业以发行债券方式融资产生的资金成本中，属于资金占用费的是（　　）。
   A. 债券公证费
   B. 债券发行广告费
   C. 债券手续费
   D. 债券利息

3. 【单选】资金成本的概念广泛地运用于企业财务管理中，其主要作用不包括（　　）。
   A. 确定筹资方案的重要依据
   B. 衡量企业经营业绩的尺度
   C. 评价企业经营业绩的基准
   D. 资金成本通常以相对数表示

4. 【单选】A公司从银行取得一笔长期借款2000万元，年利率为8%，每年结息一次，到期一次还本，企业所得税税率为25%，则这笔借款每一年的资金成本率为（　　）。
   A. 3.75%　　　　　　　　　　　B. 3.25%
   C. 3%　　　　　　　　　　　　D. 6%

5. 【单选】A公司现有长期资本总额为20000万元，其中长期借款4000万元，长期债券10000万元，普通股6000万元，其资金成本率分别为8%、9%和10%。该公司综合资金成本率为（　　）。
   A. 9.1%　　　　　　　　　　　B. 10%
   C. 9%　　　　　　　　　　　　D. 8%

考点 5　资本结构分析【重要】

1. 【单选】下列关于资本结构的说法中，正确的是（　　）。
   A. 税率、汇率、资本市场、行业特征会影响资本结构
   B. 营业收入、成长性、盈利能力、管理层偏好、财务灵活性以及股权结构不是影响资本结构的因素
   C. 收益与现金流量波动大的企业要比现金流量稳定的类似企业负债水平高
   D. 财务灵活性大的企业要比财务灵活性小的类似企业负债能力弱

2. 【单选】企业某时点所有者权益资本为2000万元，企业长期债务资本为1000万元，应付票据为500万元，应付账款为200万元，则应列入资本结构管理范畴的金额为（　　）万元。
   A. 2500　　　　　　　　　　　B. 3500
   C. 3700　　　　　　　　　　　D. 3000

3. 【单选】M公司有四个筹资方案，甲方案的综合资金成本率为10%，乙方案的综合资金成本率为5%，丙方案的综合资金成本率为14%，丁方案的综合资金成本率为6%。M公司应该选择（　　）来进行筹资。
   A. 甲方案　　　　　　　　　　　B. 乙方案

C. 丙方案　　　　　　　　　　　　　　D. 丁方案

4. 【单选】下列关于资本结构优化的方法中，正确的是（　　）。

A. 只要每股收益增长，股东财富就会增大

B. 企业最优的资本结构应当是使企业的价值最大化，同时，资金成本也是最低的资本结构

C. 企业最优的资本结构应当是使每股收益最大化的资本结构

D. 企业最优的资本结构应当是使资金成本最大化的资本结构

第十二章 营运资金管理

知识脉络

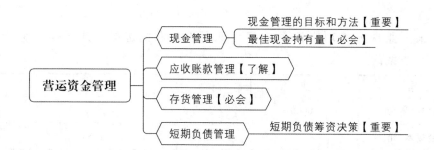

考点 1　现金管理的目标和方法【重要】

1.【单选】企业现金管理的目标是在资产的（　　）之间做出抉择，以获得最大的长期利益。
   A. 安全性和可行性
   B. 流动性和安全性
   C. 流动性和可行性
   D. 流动性和盈利能力

2.【单选】企业持有一定量的现金用于不寻常的购买机会，其置存的目的是满足（　　）需要。
   A. 预防性　　　　　　　　　　　B. 风险管理
   C. 交易性　　　　　　　　　　　D. 投机性

3.【单选】下列关于甲公司为提高现金使用效率的做法，错误的是（　　）。
   A. 力争现金流量同步
   B. 使用现金浮游量
   C. 放慢收款
   D. 推迟应付款的支付

考点 2　最佳现金持有量【必会】

1.【单选】企业缺乏必要的现金，将不能应付业务开支，使企业蒙受损失。企业由此而造成的损失，称为（　　）。
   A. 现金持有成本　　　　　　　　B. 短缺现金成本
   C. 现金管理成本　　　　　　　　D. 资金变现成本

2.【单选】某施工企业制定了四种现金持有方案（见下表）。从成本分析的角度来看，该企业最佳的现金持有量为（　　）元。

方案	A	B	C	D
现金持有量/元	100000	110000	120000	130000

续表

方案	A	B	C	D
机会成本/元	7000	8000	8500	9000
管理成本/元	4000	4000	4000	4000
短缺成本/元	6000	5000	4000	3000

A. 100000
B. 110000
C. 120000
D. 130000

3. 【单选】某企业现金管理有四个方案（见下表）可供选择，其最佳现金持有量方案为（ ）方案。

方案	甲	乙	丙	丁
现金持有量/元	70000	90000	100000	120000
机会成本/元	7500	9700	10800	13000
管理成本/元	10000	10000	10000	10000
短缺成本/元	8000	6500	3000	2000

A. 甲
B. 乙
C. 丙
D. 丁

4. 【单选】甲公司发生现金的机会成本共20万元，现金的管理成本共3万元，现金的交易成本共2万元，现金的短缺成本共10万元。现金持有成本中，属于固定成本的共（ ）万元。

A. 20
B. 3
C. 33
D. 10

5. 【单选】下列关于企业现金持有成本的说法，正确的是（ ）。

A. 现金的短缺成本随现金持有量的增加而上升
B. 管理成本与现金持有量之间一般没有显著的比例关系，不是固定成本
C. 短缺成本使企业蒙受损失或为此付出的代价，任何资金的短缺都是短缺成本
D. 最佳现金持有量为机会成本、管理成本和短缺成本之和最小的现金持有量

6. 【单选】某施工企业有四种现金持有方案（见下表），按成本分析模式选择的最佳现金持有方案应为（ ）方案。

方案	甲	乙	丙	丁
现金持有量/元	90000	100000	180000	190000
机会成本/元	9000	10000	12000	13000
管理成本/元	6000	6000	6000	6000
短缺成本/元	9000	8000	5000	2000

A. 甲
B. 乙
C. 丙
D. 丁

7. 【单选】通过分析持有现金的成本，寻找持有成本最低的现金持有量的方法是（　　）。
   A. 成本分析模式
   B. 存货模式
   C. ABC 分析法
   D. 经济批量模式

8. 【单选】对于企业而言，想要知道最佳现金持有量，就需要知道（　　）。
   A. 机会成本、管理成本、短缺成本之和的最小值
   B. 机会成本、生产成本、短缺成本之和的最大值
   C. 管理成本、取得成本、短缺成本之积
   D. 管理成本、购置成本、取得成本之商

考点 3　应收账款管理【了解】

1. 【单选】下列选项中，（　　）是企业流动资产中的一个重要项目，是商业信用的直接产物。
   A. 预付账款　　　　　　　　B. 应收账款
   C. 盈余公积　　　　　　　　D. 实收资本

2. 【多选】企业应收账款管理中，制定现金折扣政策的主要目的有（　　）。
   A. 吸引顾客为享受优惠而提前付款
   B. 合理制定应收账款政策和收款方式
   C. 缩短企业销售款的平均收款期
   D. 扩大顾客量进而借此扩大销售量
   E. 合理确定信用期间和信用标准

考点 4　存货管理【必会】

1. 【单选】下列关于企业存货管理的说法，正确的是（　　）。
   A. 存货管理的目标是最大限度地降低存货成本
   B. 存货管理是要在存货成本与存货效益之间做出权衡，达到两者的最佳结合
   C. 存货占用资金是有成本的，但这些成本不会影响利润
   D. 根据存货管理的 ABC 分析法，应对 C 类存货实施严格控制

2. 【单选】下列关于存货的说法，正确的是（　　）。
   A. 只有在一年内的一个营业周期内被生产的才是存货
   B. 存货不具有明显的流动性，不属于流动资产，属于速动资产
   C. 存货不会占用企业过多资金，企业可以削减库管人员来减少成本
   D. 存货是企业在正常生产经营过程中为销售或者耗用而储备的物资

3. 【单选】关于企业储备存货有关的成本，下列说法错误的是（　　）。
   A. 订货成本与订货次数无关
   B. 购置成本指存货本身的价值，经常用数量与单价的乘积来确定
   C. 储存成本指为保持存货而发生的成本
   D. 缺货成本指由于存货供应中断而造成的损失

4. 【单选】甲公司材料供应中断造成的停工损失共计 10 万元，产成品库存缺货造成的拖欠发

货损失 5 万元，紧急额外购入成本共 5 万元，存货破损和变质损失共 6 万元，甲公司的缺货成本共（　　）万元。

A. 20　　　　　　　　　　　　　　B. 15

C. 16　　　　　　　　　　　　　　D. 26

5.【单选】某施工企业年存货需要量为 60 万吨，每次进货量为 10 万吨，每次订货时发生相关费用如差旅费等变动成本为 0.5 万元，发生订货的固定成本为 0.6 万元。该企业订货成本是（　　）万元。

A. 1.2　　　　　　　　　　　　　　B. 3

C. 3.6　　　　　　　　　　　　　　D. 6

6.【单选】某施工企业生产所需甲材料，年度采购总量为 6000 吨，材料单价为 20000 元/吨，一次订货的变动成本为 2000 元，每吨材料的年平均储存成本为 600 元，则该材料的经济采购批量为（　　）吨。

A. 7　　　　　　　　　　　　　　　B. 200

C. 10　　　　　　　　　　　　　　D. 20

7.【单选】某施工企业所需的一种材料，年度采购总量为 4000 吨，材料单价为 2000 元/吨，一次订货的变动成本为 3600 元，每吨材料的年平均储存成本为 2000 元，则该材料的经济采购批量为（　　）吨。

A. 199.99　　　　　　　　　　　　B. 120.00

C. 200.95　　　　　　　　　　　　D. 225.45

8.【单选】企业生产所需某种材料，年度采购总量为 10000 吨，材料单价为 4000 元/吨，一次订货的变动成本为 2500 元，每吨材料的平均储存成本为 200 元，则该材料的经济采购批量为（　　）吨。

A. 500　　　　　　　　　　　　　　B. 200

C. 400　　　　　　　　　　　　　　D. 300

9.【多选】存货管理的 ABC 分析法中，分类的标准主要有（　　）。

A. 金额标准　　　　　　　　　　　B. 品种标准

C. 数量标准　　　　　　　　　　　D. 品种数量标准

E. 质量标准

10.【单选】采用 ABC 分析法实施存货管理时，C 类存货的特点是（　　）。

A. 种类虽然较少，但占用资金较多

B. 种类繁多，但占用资金很少

C. 品种多且占用资金多

D. 数量少且占用资金少

11.【多选】下列关于存货管理的 ABC 分析法，说法正确的有（　　）。

A. C 类存货金额较少，但品种数量较多

B. A 类存货金额较大，但品种数量较少

C. 对 A 类存货应重点管理

D. 对 C 类存货应重点控制

E. B 类存货应忽视

考点 5　短期负债筹资决策【重要】

1. 【单选】某施工企业按 3/10、n/30 的条件购入钢材 50 万元，企业在第 30 天支付了全部货款 50 万元，那么该企业放弃现金折扣的资金成本为（　　）。
   A. 2.00%
   B. 55.67%
   C. 2.04%
   D. 11.11%

2. 【单选】某施工企业需要从银行贷款 237 万元，期限 1 年，有甲、乙、丙三家银行愿意提供贷款，年利率均为 10%，但利息支付方式不同，甲要求采用贴现法，乙要求采用收款法，丙要求采用加息法。其他贷款条件都相同，则实际支付利息最小的银行为（　　）。
   A. 甲
   B. 乙
   C. 丙
   D. 都可以

3. 【单选】A 企业按 2/10、n/30 的条件购入货物 20 万元。如果该企业在 10 天内付款，便享受了 10 天的免费信用期，其享受的免费信用额为（　　）万元。
   A. 19.6
   B. 20.0
   C. 21.6
   D. 0.4

4. 【单选】某企业从银行取得借款 200 万元，期限 1 年，年利率（即名义利率）为 6%，按照贴现法付息，该项贷款的实际年利率为（　　）。
   A. 6%
   B. 6.38%
   C. 12%
   D. 19.8%

5. 【多选】短期银行借款利息的支付方式有多种，通常企业采用的方式包括（　　）。
   A. 收款法
   B. 贴现法
   C. 加息法
   D. 分期付息，到期一次还本
   E. 等额分期偿还

PART 3

第三篇
工程计价

学习计划：

扫码做题
熟能生巧

学海无涯苦作舟
书山有路勤为径

第十三章 建设项目总投资构成及计算

■ 知识脉络

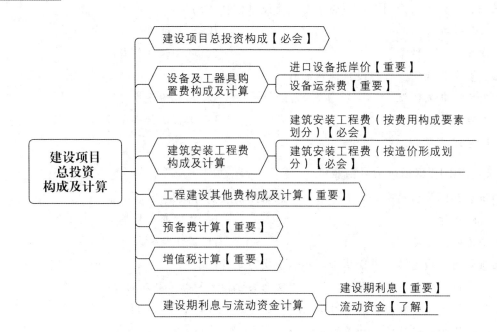

考点 1　建设项目总投资构成【必会】

1.【多选】下列建设项目投资中，属于动态投资的有（　　）。
   A. 建设期利息　　　　　　　　　B. 设备及工器具购置费
   C. 铺底流动资金　　　　　　　　D. 基本预备费
   E. 价差预备费

2.【单选】非生产性建设项目总投资包括建设投资和（　　）。
   A. 铺底流动资金　　　　　　　　B. 建设期利息
   C. 全部流动资金　　　　　　　　D. 工程建设其他费用

3.【多选】下列选项中，属于工程项目固定资产投资的静态投资的有（　　）。
   A. 建设期利息　　　　　　　　　B. 设备购置费
   C. 基本预备费　　　　　　　　　D. 价差预备费
   E. 工程建设其他费

4.【单选】固定资产投资可以分为静态投资和动态投资两部分，下列项目属于动态投资的是（　　）。
   A. 建筑安装工程费　　　　　　　B. 工器具购置费
   C. 基本预备费　　　　　　　　　D. 价差预备费

5.【单选】建设工程项目总投资组成中，下列属于工程费用的是（　　）。
   A. 建筑工程费　　　　　　　　　B. 专项评价费

C. 研究试验费 D. 基本预备费

6.【多选】下列建设项目总投资中,属于建设投资的有（　　）。
A. 设备及工器具购置费 B. 建筑安装工程费
C. 工程建设其他费用 D. 流动资金
E. 建设期利息

7.【单选】下列各项费用中,不属于工程建设其他费用的是（　　）。
A. 工程准备费 B. 研究试验费
C. 建筑安装工程费 D. 联合试运转费

8.【多选】下列属于工程建设其他费的有（　　）。
A. 项目前期工作费 B. 基本预备费
C. 检验试验费 D. 工程造价咨询费
E. 研究试验费

考点 2　进口设备抵岸价【重要】

1.【单选】在国际贸易中,卖方一般不愿意采用的交货方式是（　　）。
A. 内陆交货类 B. 装运港交货类
C. 目的地交货类 D. 海上交货类

2.【多选】进口设备装运港交货中,不属于卖方责任的有（　　）。
A. 负责在合同规定的期限内,将货物装上买方指定的船只并及时通知买方
B. 负责货物装船前的一切费用和风险,负责办理出口手续
C. 承担货物装船后的一切费用和风险
D. 负责提供有关装运单据
E. 办理在目的港的进口和收货手续

3.【多选】计算进口设备的增值税时,作为计算基数的计税价格包括（　　）。
A. 外贸手续费 B. 到岸价
C. 设备运杂费 D. 关税
E. 消费税

4.【单选】关于进口设备到岸价的构成及计算,下列公式正确的是（　　）。
A. 到岸价＝离岸价＋国外运输保险费
B. 到岸价＝离岸价＋国外运费
C. 到岸价＝运费在内价＋国外运输保险费
D. 到岸价＝运费在内价＋国外运费

5.【单选】某进口设备通过海洋运输,到岸价为972万元,国外运费为88万元,海上运输保险费费率为0.5%,则离岸价为（　　）万元。
A. 879.14 B. 883.74
C. 1063.18 D. 1091.90

6.【单选】某进口设备通过海洋运输,离岸价为881万元,国外运费为88万元,海上运输保险费费率为0.3%,则到岸价为（　　）万元。
A. 883.74 B. 971.92

C. 1063.18　　　　　　　　　　　D. 1091.90

7.【单选】某项目拟从国外进口一套设备，重1000吨，装运港船上交货价为300万美元，国际运费标准每吨为360美元，海上运输保险费费率为0.266‰。美元银行外汇牌价为6.1元人民币，则该套设备国外运输保险费为（　　）万元。
A. 4.868　　　　　　　　　　　B. 4.881
C. 5.452　　　　　　　　　　　D. 5.467

8.【单选】某进口设备，按人民币计算的离岸价为500万元，国外运费为25万元，国外运输保险费为6.5万元，进口关税税率为20%，增值税税率为16%，消费税4.25万元，则该进口设备应缴纳的增值税额为（　　）万元。
A. 102.728　　　　　　　　　　B. 107.021
C. 107.415　　　　　　　　　　D. 109.157

9.【单选】某进口设备到岸价为1500万元，国外运输保险费为42.9万元，银行财务费、外贸手续费合计36万元，关税为300万元，消费税和增值税税率分别为10%和13%，则该进口设备抵岸价为（　　）万元。
A. 2296.0　　　　　　　　　　　B. 2366.4
C. 2342.9　　　　　　　　　　　D. 2352.6

10.【单选】某项目进口一批机电设备，FOB为680万元，CIF为850万元，银行财务费率为0.4%，外贸手续费率为1.5%，关税税率为20%，增值税税率为13%。该批设备无消费税和海关监管手续费，则该批进口设备的抵岸价为（　　）万元。
A. 1209.55　　　　　　　　　　B. 1208.87
C. 1203.09　　　　　　　　　　D. 1168.07

考点 3　设备运杂费【重要】

1.【单选】下列关于设备运杂费的构成及计算的说法中，不正确的是（　　）。
A. 进口设备运杂费是由我国到岸港口或边境车站至工地仓库所发生的费用
B. 原价中没有包含的、为运输而进行包装所支出的各种费用应计入设备运杂费
C. 采购与仓库保管费不含采购人员和管理人员的工资
D. 设备运杂费为设备原价与设备运杂费费率的乘积

2.【多选】下列费用中，应计入设备运杂费的有（　　）。
A. 设备保管人员的工资
B. 设备采购人员的工资
C. 设备自生产厂家运至工地仓库的运费、装卸费
D. 供销部门的手续费
E. 设备仓库所占用的固定资产使用费

3.【多选】估算设备及工器具购置费时，国产标准设备运杂费的构成包括（　　）。
A. 交货地点至工地仓库的运费和装卸费
B. 设备出厂价格中未包含的包装材料费
C. 供销部门的手续费
D. 建设单位的采购与仓库保管费

E. 我国到岸港口至工地仓库的运费和装卸费

考点 4　建筑安装工程费（按费用构成要素划分）【必会】

1. 【单选】根据《建筑安装工程费用项目组成》，对超额劳动和增收节支而支付给个人的劳动报酬，应计入建筑安装工程费用人工费项目中的（　　）。
   A. 奖金　　　　　　　　　　　　B. 计时工资或计件工资
   C. 津贴补贴　　　　　　　　　　D. 特殊情况下支付的工资

2. 【多选】下列属于建筑安装工程费用中人工费的有（　　）。
   A. 津贴补贴　　　　　　　　　　B. 职工福利费
   C. 工会经费　　　　　　　　　　D. 失业保险费
   E. 探亲假期支付的工资

3. 【单选】生产工人王某受单位委派到外地停工学习 3 个月，则学习期间他的工资属于（　　）。
   A. 基本工资　　　　　　　　　　B. 工资性补贴
   C. 特殊情况下支付的工资　　　　D. 职工福利费

4. 【单选】因病而按计时工资标准的一定比例支付的工资，属于按费用构成要素划分的建筑安装工程费中的（　　）。
   A. 特殊情况下支付的工资　　　　B. 津贴补贴
   C. 医疗保险费　　　　　　　　　D. 职工福利费

5. 【多选】下列费用属于劳动保险和职工福利费的有（　　）。
   A. 产假期间支付的工资　　　　　B. 冬期取暖补贴
   C. 特殊地区施工津贴　　　　　　D. 职工退职金
   E. 停工学习期间支付的工资

6. 【单选】施工项目墙体砌筑所用的砂子在运输过程中发生的不可避免的损耗，应计入（　　）。
   A. 企业管理费　　　　　　　　　B. 二次搬运费
   C. 材料费　　　　　　　　　　　D. 措施费

7. 【多选】下列费用属于建筑安装工程费用中材料费的有（　　）。
   A. 工程设备的出厂价格
   B. 材料自来源地运至工地仓库的费用
   C. 组织采购工程设备发生的费用
   D. 对新材料进行一般检查的费用
   E. 材料在运输装卸过程中不可避免的损耗

8. 【多选】下列选项中，属于建筑安装工程费用中人工费的有（　　）。
   A. 按规定发放的生产工人物价补贴
   B. 生产工人劳动保护费
   C. 生产工人劳动竞赛奖金
   D. 生产工人劳动保险和职工福利费
   E. 企业为职工缴纳的工伤保险费

9. 【单选】根据《建筑安装工程费用项目组成》，下列属于材料费的是（　　）。
   A. 材料原价　　　　　　　　　　　　B. 燃料动力费
   C. 仪器仪表使用费　　　　　　　　　D. 检验试验费

10. 【单选】施工现场垂直运输机械操作司机的工资属于建筑安装工程费用中的（　　）。
    A. 人工费　　　　　　　　　　　　　B. 施工机具使用费
    C. 现场管理费　　　　　　　　　　　D. 企业管理费

11. 【多选】下列费用，属于施工机械使用费的有（　　）。
    A. 施工机械在规定年限内的折旧费
    B. 施工机械必要的检修费
    C. 施工机械的各级保养和临时故障排除所需的费用
    D. 大型施工机械在现场进行安装与拆卸的费用
    E. 机上司机的人工费

12. 【单选】某施工企业为某施工机械按国家规定缴纳的保险费及检测费属于（　　）。
    A. 企业管理费　　　　　　　　　　　B. 社会保险费
    C. 税金　　　　　　　　　　　　　　D. 施工机具使用费

13. 【单选】建筑安装企业发生的下列费用中，应计入企业管理费的是（　　）。
    A. 劳动保护费　　　　　　　　　　　B. 医疗保险费
    C. 住房公积金　　　　　　　　　　　D. 养老保险费

14. 【单选】下列选项不属于企业管理费的是（　　）。
    A. 材料原价　　　　　　　　　　　　B. 差旅交通费
    C. 职工教育费　　　　　　　　　　　D. 技术开发费

15. 【单选】建筑安装工程费按照费用构成要素划分时，企业按规定发放的劳动保护用品的支出，如工作服、手套、防暑降温饮料以及在有碍身体健康的环境中施工的保健费用属于（　　）。
    A. 人工费　　　　　　　　　　　　　B. 材料费
    C. 规费　　　　　　　　　　　　　　D. 企业管理费

16. 【单选】施工企业按照规定标准对采购的建筑材料进行一般鉴定、检查发生的费用应计入（　　）。
    A. 材料费　　　　　　　　　　　　　B. 企业管理费
    C. 人工费　　　　　　　　　　　　　D. 措施项目费

17. 【单选】施工企业购买施工现场用防护眼镜的费用应从（　　）列支。
    A. 人工费　　　　　　　　　　　　　B. 材料费
    C. 资产使用费　　　　　　　　　　　D. 企业管理费

18. 【单选】某施工企业为施工生产提供预付款担保、履约担保发生的各种费用属于（　　）。
    A. 办公费　　　　　　　　　　　　　B. 投标费
    C. 财务费　　　　　　　　　　　　　D. 其他项目费

19. 【多选】下列费用中，属于建筑安装工程费用中企业管理费的有（　　）。
    A. 技术开发费　　　　　　　　　　　B. 投标费

C. 法律顾问费 D. 财产保险费
E. 采购及保管费

20. 【单选】根据我国现行《建筑安装工程费用项目组成》的规定，下列关于费用的表述中，不正确的是（　　）。
    A. 施工机具使用费包含仪器仪表使用费
    B. 材料费包含构成或计划构成永久工程一部分的工程设备费
    C. 材料费中的材料单价由材料原价、材料运杂费、材料损耗费三项组成
    D. 人工费是指支付给直接从事建筑安装工程施工的生产工人和附属生产单位工人的各项费用

21. 【单选】根据现行规定，施工企业为职工缴纳的工伤保险费属于建筑安装工程费中的（　　）。
    A. 文明施工费 B. 劳动保险费
    C. 规费 D. 安全施工费

22. 【单选】根据《建筑安装工程费用项目组成》，施工企业为职工缴纳的工伤保险费属于（　　）。
    A. 措施项目费 B. 人工费
    C. 企业管理费 D. 规费

考点 5　建筑安装工程费（按造价形成划分）【必会】

1. 【单选】建设工程在竣工验收前，对已完工程及设备进行保护所需的费用属于（　　）。
   A. 建筑安装工程措施项目费
   B. 建设企业管理费
   C. 建筑安装工程现场经费
   D. 建筑安装工程施工机械使用费

2. 【单选】建筑安装工程费用中的安全文明施工费不包括（　　）。
   A. 环境保护费 B. 安全施工费
   C. 二次搬运费 D. 临时设施费

3. 【单选】建筑安装工程费按造价形成划分，由（　　）组成。
   A. 分部分项工程费＋措施项目费＋其他项目费＋规费＋税金
   B. 人工费＋材料费＋施工机具使用费＋措施项目费＋规费＋税金
   C. 人工费＋材料费＋施工机具使用费＋其他项目费＋规费＋税金
   D. 分部分项工程费＋施工机具使用费＋其他项目费＋规费＋税金

4. 【单选】根据《建筑安装工程费用项目组成》，下列费用中，应计入措施项目费的是（　　）。
   A. 检验试验费 B. 总承包服务费
   C. 暂列金额 D. 工程定位复测费

5. 【多选】下列费用中，应计入措施项目费的有（　　）。
   A. 二次搬运费 B. 脚手架工程费
   C. 夜间施工增加费 D. 施工机械检修费

E. 大型机械设备进出场及安拆费

6. 【多选】下列费用中,属于夜间施工增加费的有( )。
   A. 夜间施工照明用电费
   B. 加班加点工资
   C. 夜间施工降效费
   D. 夜间施工照明设备摊销
   E. 夜间安全施工费

7. 【单选】总承包人为配合、协调发包人进行专业工程发包所需的费用,在投标报价时应计入( )。
   A. 总承包服务费
   B. 企业管理费
   C. 措施项目费
   D. 暂列金额

8. 【单选】按照造价形成划分的建筑安装工程费用中,暂列金额不能用于( )。
   A. 施工中可能发生的工程变更的费用
   B. 总承包人为配合发包人进行专业工程发包产生的服务费用
   C. 施工合同签订时尚未确定的工程设备采购的费用
   D. 工程施工中合同约定调整因素出现时工程价款调整的费用

9. 【多选】下列选项中,属于其他项目费的有( )。
   A. 计日工
   B. 住房公积金
   C. 夜间施工增加费
   D. 土石方工程费
   E. 暂列金额

10. 【多选】建筑安装工程费用的规费中,社会保险费包括( )。
    A. 养老保险费
    B. 失业保险费
    C. 财产保险费
    D. 工伤保险费
    E. 生育保险费

考点 6 工程建设其他费构成及计算【重要】

1. 【单选】关于建设项目工程准备费的说法,正确的是( )。
   A. 扩建项目的场地准备和临时设施费一般只计拆除清理费
   B. 场地准备和临时设施费=建筑安装工程费×费率+拆除清理费
   C. 工程准备费包括建设单位临时设施费和施工单位临时设施费
   D. 场地准备及临时设施费属于建筑工程安装费用

2. 【单选】企业为从事危险作业的建筑安装施工人员支付的人身意外伤害险属于( )。
   A. 人工费
   B. 工伤保险费
   C. 工程保险费
   D. 企业管理费

3. 【单选】工程保险费不包括( )。
   A. 建筑安装工程一切险
   B. 工程质量保险
   C. 人身意外伤害险
   D. 工伤保险

4. 【单选】建设单位组织的施工场地平整的准备工作所需的费用在( )中开支。
   A. 工程建设其他费
   B. 企业管理费
   C. 建设安装工程措施费
   D. 建筑安装工程材料费

5. 【单选】按照设计规定为建设项目提供和验证设计参数、数据、资料等进行必要的研究和试验，以及设计规定在施工中必须进行试验、验证所需的费用应列入（　　）。
   A. 检验试验费　　　　　　　　　　　B. 研究试验费
   C. 基本预备费　　　　　　　　　　　D. 建设管理费

6. 【多选】下列费用中，属于工程建设其他费用中的联合试运转费的有（　　）。
   A. 试运转过程中所需的专家指导费
   B. 试运转过程中因施工质量原因发生的处理费用
   C. 单台设备调试及试车费用
   D. 联合试运转人员工资
   E. 试运转过程中设备缺陷发生的处理费用

7. 【单选】生产人员提前进厂参与工艺设备、电气、仪表安装调试等生产准备工作而发生的费用应计入（　　）。
   A. 联合试运转费　　　　　　　　　　B. 生产准备费
   C. 基本预备费　　　　　　　　　　　D. 建设单位管理费

8. 【单选】编制某企业新建项目的投资估算时，生产准备费的计算基数应为（　　）。
   A. 新增建筑安装工程费用　　　　　　B. 原有设计定员
   C. 新增设计定员　　　　　　　　　　D. 全部设计定员

9. 【单选】关于生产准备费的计算，下列公式正确的是（　　）。
   A. 生产准备费＝（工程费用＋工程建设其他费）×生产准备费费率
   B. 生产准备费＝工程费用×生产准备费费率
   C. 生产准备费＝设计定员×生产准备费指标（元/人）
   D. 生产准备费＝工程建设其他费×生产准备费费率

考点 7　预备费计算【重要】

1. 【多选】按照我国现行规定，预备费包括（　　）。
   A. 应急费　　　　　　　　　　　　　B. 基本预备费
   C. 不可预见费　　　　　　　　　　　D. 变更预备费
   E. 价差预备费

2. 【单选】基本预备费的计算基数为（　　）。
   A. 工程费用　　　　　　　　　　　　B. 设备工器具购置费
   C. 工程费用＋工程建设其他费用　　　D. 建筑安装工程费

3. 【单选】下列各项变动不属于价差预备费预留范围的是（　　）。
   A. 税金变化　　　　　　　　　　　　B. 利率变化
   C. 汇率变化　　　　　　　　　　　　D. 价格变化

4. 【单选】价差预备费的计算基数为（　　）。
   A. 工程费用
   B. 工程建设其他费用
   C. 工程费用＋工程建设其他费用
   D. 工程费用＋工程建设其他费用＋基本预备费

5. 【单选】根据我国现行规定，关于预备费的说法，正确的是（　　）。
   A. 基本预备费以工程费用为计算基数
   B. 基本预备费又称价格变动不可预见费
   C. 预备费包括基本预备费和价差预备费
   D. 价差预备费不包括利率、汇率调整增加的费用

6. 【单选】某建设项目建筑安装工程费为6000万元，设备购置费为1000万元，工程建设其他费用为2000万元，建设期利息为500万元。若基本预备费费率为5%，则该建设项目的基本预备费为（　　）万元。
   A. 350   B. 400
   C. 450   D. 475

7. 【单选】某建设项目静态投资为10000万元，项目建设前期年限为1年，建设期为2年，第1年完成投资40%，第2年完成投资60%。在年平均价格上涨率为6%的情况下，该项目价差预备费应为（　　）万元。
   A. 666.3   B. 981.6
   C. 1306.2   D. 1640.5

8. 【单选】某建设项目工程费用为5000万元，工程建设其他费用为1000万元，基本预备费费率为8%，年均投资价格上涨率为5%，建设期为2年，计划每年完成投资50%，则该项目建设期第2年价差预备费应为（　　）万元。
   A. 160.02   B. 227.79
   C. 246.01   D. 326.02

考点 8　增值税计算【重要】

1. 【单选】计算一般纳税人增值税应纳税额时，可以从销项税额中抵扣的进项税额是（　　）。
   A. 非正常损失的购进材料的发票上标明的增值税额
   B. 非正常损失的在产品耗用的购进材料的进项税额
   C. 用于集体福利购进货物的专用发票上标明的进项税额
   D. 从销售方取得的增值税专用发票上注明的增值税额

2. 【单选】关于建筑安装工程费用中建筑业增值税的计算，下列说法正确的是（　　）。
   A. 当事人可以自主选择一般计税法或简易计税法计税
   B. 一般计税法、简易计税法中的建筑业增值税税率是一样的
   C. 采用简易计税方法时，税前造价不包含增值税的进项税额
   D. 采用一般计税方法时，税前造价不包含增值税的进项税额

3. 【单选】计算增值税销项税额时，一般计税方法的税前造价指的是（　　）之和。
   A. 人工费、材料费、施工机具使用费、企业管理费、利润和规费（各费用项目均不含增值税可抵扣进项税额）
   B. 人工费、材料费、施工机具使用费、企业管理费、利润和规费（包含增值税可抵扣进项税额）
   C. 人工费、材料费、施工机具使用费、企业管理费（不含增值税可抵扣进项税额）
   D. 人工费、材料费、施工机具使用费、企业管理费、利润、规费、消费税

考点 9　建设期利息【重要】

1. 【单选】在建设工程投资估算中，建设期贷款利息按（　　）×年利率计算。
   A. 年初借款本息累计＋本年借款额
   B. 年初借款本息累计＋本年借款额/2
   C. 年初借款本息累计－本年借款额
   D. 年初借款本息累计－本年借款额/2

2. 【单选】某新建项目建设期为 2 年，分年均衡进行贷款，第 1 年贷款 2000 万元，第 2 年贷款 3000 万元，建设期内贷款利息只计息不支付。在年利率为 10% 的情况下，该项目应计建设期贷款利息为（　　）万元。
   A. 360　　　　　　　　　　　　　B. 460
   C. 520　　　　　　　　　　　　　D. 700

3. 【单选】某项目建设期为 2 年，第 1 年贷款 4000 万元，第 2 年贷款 2000 万元，贷款年利率为 10%，贷款在年内均衡发放，建设期内只计息不付息。该项目第 2 年的建设期利息为（　　）万元。
   A. 200　　　　　　　　　　　　　B. 500
   C. 520　　　　　　　　　　　　　D. 600

4. 【单选】某项目建设期为 2 年，第 1 年贷款 3000 万元，第 2 年贷款 2000 万元，贷款在年内均衡发放，年利率为 8%，建设期内只计息不付息。该项目建设期利息为（　　）万元。
   A. 366.4　　　　　　　　　　　　B. 449.6
   C. 572.8　　　　　　　　　　　　D. 659.2

考点 10　流动资金【了解】

1. 【单选】铺底流动资金指生产性建设工程项目为保证生产和经营正常进行，按规定应列入建设工程项目总投资的费用，一般按流动资金的（　　）计算。
   A. 20%　　　　　　　　　　　　B. 30%
   C. 40%　　　　　　　　　　　　D. 50%

2. 【单选】下列关于流动资金计算的表述，错误的是（　　）。
   A. 流动资金＝各种费用基数×相应的流动资金所占比例
   B. 流动资金＝流动资产－流动负债
   C. 流动资产＝预收账款＋预付账款＋存货＋库存现金
   D. 流动负债＝应付账款＋预收账款

第十四章 工程计价依据

知识脉络

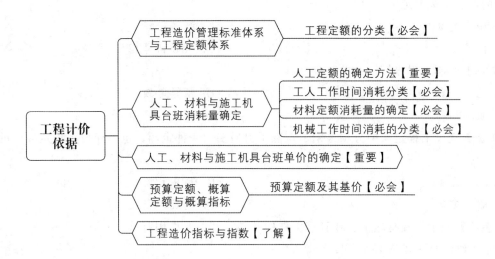

考点 1 工程定额的分类【必会】

1.【单选】下列属于建设工程定额按生产要素内容分类的是（　　）。
   A. 材料消耗定额　　　　　　　　B. 施工定额
   C. 预算定额　　　　　　　　　　D. 概算指标

2.【多选】建设工程定额按生产要素内容可以分为（　　）。
   A. 人工消耗定额　　　　　　　　B. 材料消耗定额
   C. 直接工程费定额　　　　　　　D. 设备消耗定额
   E. 施工机具消耗定额

3.【多选】建设工程定额按编制用途分为（　　）。
   A. 施工定额　　　　　　　　　　B. 企业定额
   C. 预算定额　　　　　　　　　　D. 补充定额
   E. 投资估算指标

4.【单选】下列关于工程定额的说法，正确的是（　　）。
   A. 劳动定额是指在非正常条件下，完成单位合格产品所规定的劳动消耗的数量标准
   B. 企业定额是根据企业的自身情况编制的定额
   C. 预算定额是以工序为对象编制的
   D. 建筑工程定额是建筑工程的施工定额、预算定额、投资估算指标的统称

5.【单选】下列关于施工定额的说法，正确的是（　　）。
   A. 施工定额是以分项工程为对象编制的定额
   B. 施工定额是工程定额中分项最细、定额子目最多的一种定额
   C. 施工定额广泛适用于施工企业项目管理，具有一定的社会性

D. 施工定额是工程定额中的非基础性定额

6.【单选】施工定额的研究对象是同一性质的施工过程，这里的施工过程是指（　　）。
A. 工序
B. 分部工程
C. 分项工程
D. 整个建筑物

7.【单选】通常以建设项目、单项工程、单位工程为对象，反映其建设总投资及其各项费用构成的经济指标的定额是（　　）。
A. 预算定额
B. 概算定额
C. 概算指标
D. 投资估算指标

8.【单选】编制工程概算定额的基础是（　　）。
A. 施工定额
B. 预算定额
C. 概算指标
D. 投资估算指标

9.【单选】建设工程定额中分项最细、定额子目最多的一种定额，也是建设工程定额中的基础性定额是（　　）。
A. 施工定额
B. 预算定额
C. 概算定额
D. 建筑工程定额

10.【多选】施工定额是施工企业管理工作的基础，其主要作用有（　　）。
A. 是组织和指挥施工生产的有效工具
B. 是计算工人劳动报酬的依据
C. 有利于推广先进技术
D. 是工程价款的结算的基础
E. 是编制施工预算，加强企业成本管理和经济核算的基础

考点 2　人工定额的确定方法【重要】

1.【单选】根据生产技术和施工组织条件，对施工过程中各工序采用测时法、写实记录法、工作日写实法测出相应资料，然后进行科学分析，最后制定出人工定额的方法是（　　）。
A. 统计分析法
B. 比较类推法
C. 经验估计法
D. 技术测定法

2.【单选】人工定额的制定方法中，简单易行，适用于施工条件正常、产品稳定、工序重复量大和统计工作制度健全的施工过程的方法是（　　）。
A. 统计分析法
B. 比较类推法
C. 经验估计法
D. 技术测定法

3.【单选】编制人工定额时，需要必须掌握类似的程度和各种影响因素的异同程度的方法是（　　）。
A. 技术测定法
B. 统计分析法
C. 比较类推法
D. 试验测定法

4.【单选】制定人工定额时，通常作为一次性定额使用的制定方法是（　　）。
A. 技术测定法
B. 统计分析法
C. 比较类推法
D. 经验估计法

5.【多选】人工定额是根据国家的经济政策、劳动制度和有关技术文件及资料制定的。制定人

工定额，常用的方法有（　　）。

A. 技术测定法　　　　　　　　　　B. 图纸计算法

C. 统计分析法　　　　　　　　　　D. 比较类推法

E. 经验估计法

考点 3　工人工作时间消耗分类【必会】

1. 【单选】编制人工定额时，下列选项中，应计入定额时间的是（　　）。

   A. 工人在工作时间内聊天时间

   B. 工人午饭后迟到时间

   C. 材料供应中断造成的停工时间

   D. 工作结束后的整理工作时间

2. 【单选】编制人工定额时，由于作业面准备工作做得不好造成的停工时间应计入（　　）。

   A. 多余和偶然时间

   B. 施工本身造成的停工时间

   C. 非施工本身造成的停工时间

   D. 不可避免的中断时间

3. 【单选】编制人工定额时，工人工作必需消耗的时间不包括（　　）。

   A. 有效工作时间　　　　　　　　　B. 休息时间

   C. 不可避免的中断时间　　　　　　D. 偶然工作时间

4. 【多选】编制人工定额时，应计入工人定额时间的有（　　）。

   A. 材料供应不及时造成的停工时间

   B. 施工组织混乱造成的停工时间

   C. 由于施工工艺特点引起的工作中断所必需的时间

   D. 工人在工作过程中为恢复体力所必需的短暂休息时间

   E. 工人违背劳动纪律损失的时间

5. 【多选】下列工人工作的时间中，属于损失时间的有（　　）。

   A. 多余和偶然工作时间

   B. 材料供应不及时导致的停工时间

   C. 因施工工艺特点引起的工作中断时间

   D. 技术工人由于差错导致的工时损失

   E. 工人午休后迟到造成的工时损失

6. 【多选】编制人工定额时，应计入工人有效工作时间的有（　　）。

   A. 准备与结束工作时间

   B. 基本工作时间

   C. 辅助工作时间

   D. 不可避免的中断时间

   E. 休息时间

考点 4 材料定额消耗量的确定【必会】

1. 【单选】施工企业投标报价时,周转材料消耗量应按（　　）计算。
   A. 一次使用量　　　　　　　　　　　　B. 摊销量
   C. 每次的补给量　　　　　　　　　　　D. 损耗量

2. 【多选】定额中周转材料消耗量指标,应当用（　　）两个指标表示。
   A. 一次使用量　　　　　　　　　　　　B. 理论净用量
   C. 摊销量　　　　　　　　　　　　　　D. 周转使用次数
   E. 周转材料的回收折价

3. 【单选】关于周转性材料消耗量的说法,正确的是（　　）。
   A. 周转性材料是指在施工过程中一次使用的工具性材料
   B. 周转性材料的消耗量应当用材料的一次使用量和摊销量两个指标表示
   C. 周转性材料的摊销量供施工企业组织施工用
   D. 周转性材料的消耗与周转使用次数无关

4. 【多选】影响施工现场周转性材料消耗的主要因素有（　　）。
   A. 第一次制造时的材料消耗量
   B. 每周转使用一次材料的损耗
   C. 周转使用次数
   D. 周转材料的最终回收及其回收折价
   E. 材料损耗量的测算方法

5. 【多选】下列关于周转性材料消耗定额的编制说法,正确的有（　　）。
   A. 摊销量是指周转材料在不重复使用时的一次使用量,供施工企业组织施工用
   B. 定额中周转材料消耗量指标,应当用一次使用量和摊销量两个指标表示
   C. 一次使用量是指周转材料在不重复使用时的一次使用量,供施工企业组织施工用
   D. 摊销量是指周转材料退出使用,应分摊到每一计量单位的结构构件的周转材料消耗量,供施工企业成本核算或投标报价使用
   E. 周转性材料消耗与周转使用次数有关

考点 5 机械工作时间消耗的分类【必会】

1. 【单选】编制施工机械台班使用定额时,工人装车的砂石数量不足导致的汽车在降低负荷的情况下工作所延续的时间属于（　　）。
   A. 有效工作时间
   B. 低负荷下的工作时间
   C. 有根据地降低负荷下的工作时间
   D. 非施工本身造成的停工时间

2. 【单选】砂浆搅拌机工作时,由于工人没有及时供料而使机械空转的时间属于机械工作时间消耗中的（　　）。
   A. 有效工作时间　　　　　　　　　　　B. 非施工本身造成的停工时间
   C. 多余工作时间　　　　　　　　　　　D. 低负荷下工作时间

3. 【单选】在机械工作时间消耗中,由于汽车运输重量轻而体积大的货物,不能充分利用汽车

的载重吨位因而不得不在低于其计算负荷下工作的时间应计入（　　）。

A. 正常负荷下的工作时间

B. 不可避免的中断时间

C. 有根据地降低负荷下的工作时间

D. 损失的工作时间

4. 【单选】下列机械工作时间消耗中，属于机械台班使用定额中不可避免的无负荷工作时间的是（　　）。

A. 汽车在运送土方时没有装满导致的延长时间

B. 筑路机在工作区末端调头的时间

C. 未及时供给机械燃料而导致的停工时间

D. 暴雨时压路机被迫停工时间

5. 【单选】施工作业过程中，筑路机在工作区末端调头消耗的时间应计入施工机械台班使用定额，其时间消耗的性质是（　　）。

A. 不可避免的无负荷工作时间

B. 不可避免的停工时间

C. 不可避免的中断工作时间

D. 正常负荷下的工作时间

6. 【多选】下列工作时间中，属于施工机械台班使用定额中必需消耗的时间有（　　）。

A. 机械操作工人加班工作的时间

B. 工序安排不合理造成的机械停工时间

C. 正常负荷下机械的有效工作时间

D. 有根据地降低负荷下的有效工作时间

E. 不可避免的无负荷工作时间

考点 6　人工、材料与施工机具台班单价的确定【重要】

1. 【单选】下列关于建筑安装工程人工费中日工资单价的说法，正确的是（　　）。

A. 日工资单价是施工企业技术最熟练的生产工人在每工作日应得的工资总额

B. 确定日工资单价应参考实物工程量人工单价综合分析确定

C. 最低日工资单价不得低于工程所在地人力资源和社会保障部门发布的最低工资标准

D. 工程计价定额应根据项目技术要求和工人职级差别划分多种日工资单价

2. 【单选】某施工企业采购一批材料，出厂价为 3000 元/吨，运杂费是材料采购价的 5%，运输中材料的损耗率为 1%，保管费率为 2%，则该批材料的单价应为（　　）元/吨。

A. 3150.00　　　　　　　　　　B. 3240.00

C. 3244.50　　　　　　　　　　D. 3245.13

3. 【单选】某企业采购一批材料，原出厂价为 5000 元/吨，运杂费是材料采购价的 4%，运输中材料的损耗率为 2%，保管费率为 1%，则该批材料的单价应为（　　）元/吨。

A. 5200.00　　　　　　　　　　B. 5304.00

C. 5357.04　　　　　　　　　　D. 5575.04

4. 【单选】某施工机械预算价格为 80 万元，折旧年限为 10 年，年平均工作 250 个台班，一次检修费为 18 万元，检修次数为 3 次，除税系数为 1，则该台机械台班检修费为（　　）元。

A. 320　　　　　　　　　　　　B. 216

C. 240　　　　　　　　　　　　D. 264

5. 【单选】某施工机械预算价格为 300 万元，折旧年限为 10 年，残值率为 5%，年平均工作 230 个台班，则该机械台班折旧费为（　　）元。

A. 1239　　　　　　　　　　　　B. 1000

C. 1560　　　　　　　　　　　　D. 1590

考点 7　预算定额及其基价【必会】

1. 【单选】编制某分项工程预算定额人工工日消耗量时，已知基本用工、辅助用工、超运距用工分别为 20 工日、2 工日、3 工日，人工幅度差系数为 10%，则该分项工程单位人工消耗量为（　　）工日。

A. 27.0　　　　　　　　　　　　B. 27.2

C. 27.3　　　　　　　　　　　　D. 27.5

2. 【多选】编制预算定额人工消耗指标时，下列人工消耗量属于人工幅度差用工的有（　　）。

A. 施工过程中水电维修用工

B. 隐蔽工程验收影响的操作时间

C. 现场材料水平搬运用工

D. 现场材料加工用工

E. 现场筛沙子增加的用工量

3. 【单选】完成某单位分部分项工程需要基本用工 4.2 工日，超运距用工 0.3 工日，辅助用工 1 工日，人工幅度差系数为 10%，则该单位分部分项工作预算定额中人工幅度差用工数量为（　　）工日。

A. 6.05　　　　　　　　　　　　B. 5.50

C. 0.55　　　　　　　　　　　　D. 0.05

4. 【单选】砌筑 $10m^3$ 砖墙需基本用工 22 工日，辅助用工 6 工日，超运距用工 3 工日，人工幅度差系数为 12%，则预算定额人工工日消耗量为（　　）工日/$10m^3$。

A. 12.72　　　　　　　　　　　　B. 29.00

C. 33.64　　　　　　　　　　　　D. 34.72

5. 【多选】在编制预算定额中的人工工日消耗量中，下列选项属于其他用工的有（　　）。

A. 完成定额计量单位的主要用工

B. 辅助用工

C. 超运距用工

D. 人工幅度差

E. 按劳动定额规定应增（减）的用工

6. 【单选】下列选项中，属于预算定额人工消耗量中辅助用工的是（　　）。

A. 工序交接时对前一工序不可避免的修整用工

B. 现场筛砂子增加的用工

C. 不可避免的其他零星用工

D. 隐蔽工程验收工作而影响工人操作的时间

7.【多选】下列施工机械的停歇时间,不在预算定额机械幅度差中考虑的有（　　）。
A. 筑路机在工作区末端调头的时间
B. 工程质量检查引起的停歇
C. 机械转移工作面引起的停歇
D. 进行准备与结束工作时引起的停歇
E. 有根据地降低负荷下的工作时间

考点 8　工程造价指标与指数【了解】

【多选】工程造价指标是指根据已完成或在建工程的各种造价信息,经过统一格式及标准化处理后的造价数值。下列关于工程造价指标应用的说法,正确的有（　　）。
A. 用作编制建设项目投资估算的重要依据
B. 用作编制最高投标限价和投标报价的参考资料
C. 用作清单工程量计价方法的补充
D. 用以测定调价系数、编制造价指数的依据
E. 用作技术经济分析与研究的基础资料

第十五章 设计概算与施工图预算

知识脉络

考点 1 设计概算的编制【重要】

1. 【单选】关于设计概算在建设项目管理中的作用,下列说法正确的是( )。
   A. 设计概算是确定建设规模的依据
   B. 设计概算是固定资产投资管理的依据
   C. 设计概算不是控制项目施工图设计和施工图预算的依据
   D. 设计概算不应作为签订贷款合同的依据

2. 【单选】编制建设工程项目设计概算的程序有:①确定有关数据;②单位工程概算书编制;③各项费用计算;④单项工程综合概算书编制;⑤收集原始资料。正确顺序是( )。
   A. ③→①→⑤→②→④
   B. ⑤→①→③→②→④
   C. ③→⑤→②→①→④
   D. ⑤→①→②→③→④

考点 2 单位工程概算的编制方法【必会】

1. 【单选】单位工程概算按其工作性质可分为建筑工程概算和设备及安装工程概算两类,下列属于设备及安装工程概算的是( )。
   A. 通风空调工程概算
   B. 工器具及生产家具购置费概算
   C. 电气照明工程概算
   D. 弱电工程概算

2. 【单选】设计概算的三级概算是指( )。
   A. 建筑工程概算、安装工程概算、设备及工器具购置费概算
   B. 建设投资概算、建设期利息概算、铺底流动资金概算
   C. 主要工程项目概算、辅助和服务性工程项目概算、室内外工程项目概算

D. 单位工程概算、单项工程综合概算、建设工程项目总概算

3. 【单选】在单位工程概算内容中，通风空调工程概算属于（　　）。
   A. 建筑工程概算　　　　　　　　　　　B. 设备购置费概算
   C. 设备及安装工程概算　　　　　　　　D. 工器具购置费概算

4. 【单选】某单位建筑工程初步设计深度不够，不能准确地计算工程量，而工程设计采用的技术比较成熟且又有类似指标时，编制该工程设计概算宜采用的方法是（　　）。
   A. 扩大单价法　　　　　　　　　　　　B. 类似工程换算法
   C. 生产能力指数法　　　　　　　　　　D. 概算指标法

5. 【单选】当初步设计达到一定深度，建筑结构比较明确时，可以采用（　　）编制建筑工程概算。
   A. 预算单价法　　　　　　　　　　　　B. 概算指标法
   C. 估算模拟法　　　　　　　　　　　　D. 概算定额法

6. 【单选】适用于拟建工程初步设计与已完工程或在建工程的设计相类似且没有可用的概算指标的情况，但必须对建筑结构差异和价差进行调整的投资估算方法是（　　）。
   A. 概算定额法　　　　　　　　　　　　B. 类似工程预算法
   C. 概算指标法　　　　　　　　　　　　D. 建设投资分类估算法

7. 【多选】在进行单位工程设计概算的编制时，单位建筑工程概算的常用编制方法有（　　）。
   A. 概算定额法　　　　　　　　　　　　B. 预算定额法
   C. 概算指标法　　　　　　　　　　　　D. 类似工程预算法
   E. 设备价值百分比法

8. 【单选】新建工程与某已建工程仅外墙饰面不同。已建成工程外墙为水泥砂浆抹面，单价为 9.5 元/m^2，每平方米建筑面积消耗量为 0.85m^2；新建工程外墙为贴釉面砖，单价为 50.2 元/m^2，每平方米建筑面积消耗量为 0.81m^2。若已建成工程概算指标为 436 元/m^2，则新建工程修正概算指标为（　　）元/m^2。
   A. 576.58　　　　　　　　　　　　　　B. 585.25
   C. 468.59　　　　　　　　　　　　　　D. 613.26

9. 【单选】某新建项目建筑面积为 5000m^2，按概算指标和地区材料预算单价等算出一般土建工程单位造价为 1200 元（其中，人、料、机费用为 1000 元）。但新建项目的设计资料与概算指标相比，其结构中有部分变更：设计资料中外墙 1 砖半厚，预算单价为 200 元/m^3，而概算指标中外墙 1 砖厚，预算单价为 180 元/m^3，并且设计资料中每 100m^2 建筑面积含外墙 62m^3，而概算指标中含 47m^3。其余条件不考虑，则新建项目修正概算指标为（　　）元/m^2。
   A. 1039.40　　　　　　　　　　　　　B. 1203.60
   C. 1487.28　　　　　　　　　　　　　D. 1247.28

10. 【单选】对于一般工业与民用建筑工程而言，单位工程概算按其工程性质分为建筑工程概算和设备及安装工程概算两大类。下列各项中，不属于设备安装工程概算编制方法的是（　　）。
    A. 类似工程预算法　　　　　　　　　　B. 概算指标法

C. 扩大单价法 D. 预算单价法

11. 【单选】采用概算指标法计算设备安装工程费时，不能采用（　　）计算。
   A. 按占设备价值百分比的概算指标
   B. 按每吨设备安装费的概算指标
   C. 按台、套等为计量单位的概算指标
   D. 按占总投资百分比的概算指标

12. 【单选】某建设工程项目拟订购 4 台国产设备，订货价格为 50 万元/台，设备运杂费费率为 8%，设备安装费费率为 20%，采用概算指标法确定该项目的设备安装费为（　　）万元。
   A. 40 B. 44
   C. 24 D. 20

13. 【多选】下列关于设备安装工程概算的计算式中，属于概算指标法的有（　　）。
   A. 设备安装费＝设备原价×设备安装费费率
   B. 设备安装费＝设备安装工程量×预算单价
   C. 设备安装费＝设备吨数×每吨设备安装费
   D. 设备安装费＝设备台数×每台设备安装费
   E. 设备安装费＝建筑面积×单位面积安装费

考点 3　单项工程综合概算的编制方法【了解】

【多选】某建设项目由厂房、办公楼、宿舍等单项工程组成，则单项工程综合概算中的内容有（　　）。
   A. 机械设备及安装工程概算
   B. 电气设备及安装工程概算
   C. 工程建设其他费用概算
   D. 特殊构筑物工程概算
   E. 流动资金概算

考点 4　总概算的编制方法【了解】

【单选】某建设项目工程费用为 5800 万元，其他费用为 1300 万元，预备费为 300 万元，建设期贷款利息为 350 万元，铺底流动资金为 700 万元。预计在建设中原房屋拆除变现收入为 200 万元，试车收入大于支出金额 50 万元，则该项目总概算为（　　）万元。
   A. 8250 B. 8200
   C. 8450 D. 8700

考点 5　施工图预算的作用【重要】

1. 【多选】下列关于施工图预算对建设单位作用的说法，错误的有（　　）。
   A. 是确定投标报价的依据
   B. 是施工图设计阶段确定建设工程项目投资的依据
   C. 是编制进度计划、统计完成工作量的依据
   D. 是进行施工准备的依据

E. 可以作为拨付工程进度款及办理结算的基础

2. 【多选】下列关于施工图预算对施工单位作用,说法正确的有（　　）。
   A. 是拨付进度款及办理结算的依据
   B. 是确定投标报价的依据
   C. 是控制施工成本的依据
   D. 是编制标底的依据
   E. 是施工期间安排建设资金计划和使用建设资金的依据

3. 【多选】下列关于施工图预算的作用,说法正确的有（　　）。
   A. 是施工单位确定投标报价的依据
   B. 是施工单位进行施工准备的依据
   C. 是固定资产投资管理的依据
   D. 是监督检查执行定额标准的依据
   E. 是控制施工成本的依据

考点 6　施工图预算的编制方法【必会】

1. 【多选】单位工程预算的编制方法有（　　）。
   A. 定额单价法　　　　　　　　B. 工程量清单单价法
   C. 实物量法　　　　　　　　　D. 分税法
   E. 平衡法

2. 【单选】采用定额单价法编制单位工程预算时,在编制工料分析表后紧接着的下一步骤是（　　）。
   A. 计算人、材、机费用
   B. 计算企业管理费、利润、规费、税金等
   C. 复核工程量的准确性
   D. 套用定额预算单价

3. 【单选】采用定额单价法编制施工图预算时,计算出工程量后进行的步骤是（　　）。
   A. 套用消耗定额,计算人、料、机消耗量
   B. 直接套用预算单价,不考虑材料品种差异的影响
   C. 套用定额单价,计算人、料、机费用
   D. 编制工料分析表

4. 【单选】定额单价法编制施工图预算的工作主要有:①编制工料分析表;②套用定额单价,计算人、料、机费用;③按计价程序计取其他费用,并汇总造价;④计算工程量;⑤准备资料,熟悉施工图纸。正确的步骤是（　　）。
   A. ④→⑤→①→②→③　　　　B. ⑤→①→④→②→③
   C. ⑤→②→①→④→③　　　　D. ⑤→④→②→①→③

5. 【单选】采用定额单价法编制施工图预算时,分项工程施工工艺条件与定额单价不一致而造成人工、机械的数量增减时,该分项工程单价的确定方法是（　　）。
   A. 按实际使用材料价格换算定额单价
   B. 直接套用同类材料的定额单价

C. 调整工程量而不换算定额单价

D. 编制补充定额单价

6. 【单选】下列关于采用定额单价法编制施工图预算的说法，错误的是（　　）。

   A. 当分项工程的名称、规格、计量单位与定额单价中所列内容完全一致时，可直接套用定额单价

   B. 当分项工程施工工艺条件与定额单价不一致而造成人工、机械的数量增减时，一般调量不换价

   C. 当分项工程的主要材料的品种与定额单价中规定的材料不一致时，应该按照实际使用材料价格换算定额单价

   D. 当分项工程不能直接套用定额、不能换算和调整时，应重新编制定额单价

7. 【单选】采用实物量法编制施工图预算时，计算并复核工程量后紧接着进行的工作是（　　）。

   A. 套用定额单价，计算人、料、机费用

   B. 套用消耗定额，计算人、料、机消耗量

   C. 汇总人、料、机费用

   D. 计算管理费等其他各项费用

8. 【单选】采用实物量法编制施工图预算的工作主要有：①计算并汇总人工费、材料费、施工机械使用费；②套用消耗定额，计算人、料、机消耗量；③计算其他各项费用，汇总造价；④计算工程量；⑤准备资料，熟悉施工图纸。正确的步骤是（　　）。

   A. ④→⑤→①→②→③　　　　　　B. ⑤→①→④→②→③

   C. ⑤→②→①→④→③　　　　　　D. ⑤→④→②→①→③

9. 【单选】用实物量法编制施工图预算，有关人工、材料和施工机械台班的单价，采用的是（　　）。

   A. 国家颁布的价格　　　　　　　B. 地区统一的价格

   C. 行业统一价格　　　　　　　　D. 当时当地实际市场价格

10. 【单选】采用实物量法与定额单价法编制施工图预算，编制步骤的主要差别在于（　　）。

    A. 列项　　　　　　　　　　　　B. 计算工程量

    C. 计算人、料、机费用　　　　　D. 计算利润与管理费

考点 7　设计概算的审查方法【重要】

1. 【单选】设计概算审查时，对一些关键设备和设施、重要装置的落实宜采用的审查方法是（　　）。

   A. 对比分析法　　　　　　　　　B. 筛选审查法

   C. 查询核实法　　　　　　　　　D. 标准预算审查法

2. 【单选】下列设计概算审查的方法中，不包括（　　）。

   A. 对比分析法　　　　　　　　　B. 查询核实法

   C. 联合会审法　　　　　　　　　D. 筛选审查法

3. 【单选】在对某建设项目设计概算审查时，找到了与其关键技术基本相同、规模相近的同类项目的设计概算和施工图预算资料，则该建设项目的设计概算最适宜的审查方法

是（ ）。
A. 标准审查法 B. 分组计算审查法
C. 对比分析法 D. 查询核实法

考点 8　施工图预算的审查方法【必会】

1.【单选】两项工程面积相同，但设计图纸不完全相同，相同的部分可采用的施工图预算审查方法是（ ）。
   A. 筛选审查法 B. 重点审查法
   C. 分组计算审查法 D. 对比审查法

2.【单选】对于设计方案比较特殊，无同类工程可比，且审查精度要求高的施工图预算，适宜采用的审查方法是（ ）。
   A. 全面审查法 B. 标准预算审查法
   C. 对比审查法 D. 重点审查法

3.【多选】下列关于建设工程项目施工图预算审查法中重点审查法优点的说法，错误的有（ ）。
   A. 易定案 B. 效果好
   C. 突出重点 D. 审查时间短
   E. 全面细致

4.【单选】下列施工图预算审查的方法中，（ ）的优点是时间短、效果好、易定案。
   A. 标准预算审查法 B. 分组计算审查法
   C. 全面审查法 D. 筛选审查法

5.【单选】施工图预算审查的方法中，（ ）适用于审查住宅工程或不具备全面审查条件的工程。
   A. 分组计算审查法 B. 对比审查法
   C. 筛选审查法 D. 重点审查法

6.【单选】在施工图预算审查时，利用房屋建筑工程标准层建筑面积数对楼面找平层等工程量进行审查的方法，属于（ ）。
   A. 分组计算审查法 B. 重点审查法
   C. 筛选审查法 D. 对比审查法

7.【多选】下列关于施工图预算审查方法的说法，正确的有（ ）。
   A. 对比审查法适用于利用标准图纸或通用图纸施工的工程
   B. 标准预算审查法的优点是时间短、效果好、易定案，缺点是适用范围小
   C. 分组计算审查法的特点是审查速度快、工作量小
   D. 筛选审查法适用于住宅工程或不具备全面审查条件的工程
   E. 重点审查法又称逐项审查法，特点是突出重点

第十六章　工程量清单计价

■ 知识脉络

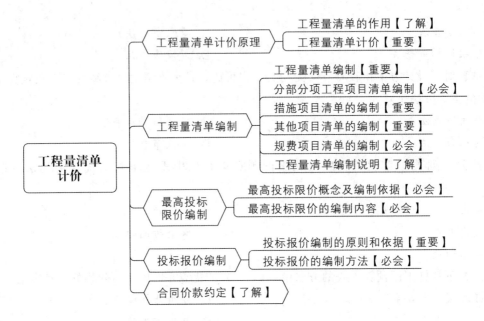

考点 1　工程量清单的作用【了解】

1. 【多选】工程量清单是指建设工程的（　　）项目的名称和相应数量等的明细清单。
   A. 分部分项工程
   B. 措施
   C. 单位工程
   D. 规费和税金
   E. 其他

2. 【单选】下列关于工程量清单主要作用的说法，错误的是（　　）。
   A. 工程量清单为招标人的投标竞争提供了一个平等和共同的基础
   B. 工程量清单是建设工程计价的依据
   C. 工程量清单是工程付款和结算的依据
   D. 工程量清单是调整工程价款、处理工程索赔的依据

考点 2　工程量清单计价【重要】

1. 【多选】工程量清单计价的三种形式中，全费用综合单价法中包含而综合单价法中未包含的费用有（　　）。
   A. 措施项目费
   B. 管理费
   C. 规费
   D. 利润
   E. 税金

2. 【多选】采用工程量清单计价，工料单价法、综合单价法及全费用综合单价法均包含的内容有（　　）。
   A. 材料费
   B. 施工机具使用费
   C. 利润
   D. 规费
   E. 人工费

3. 【多选】下列关于工程造价的计算形式，错误的有（　　）。
   A. 其他项目费＝暂列金额＋暂估价＋计日工＋总承包服务费＋其他
   B. 单位工程报价＝分部分项工程费＋措施项目费＋其他项目费
   C. 单项工程报价＝∑单位工程报价
   D. 措施项目费＝∑措施项目工程量×措施项目综合单价＋∑单项措施费
   E. 总造价＝∑单位工程报价

考点 3　工程量清单编制【重要】

1. 【单选】采用工程量清单招标时，提供招标工程量清单并对其完整性和确定性负责的单位是（　　）。
   A. 招标人
   B. 招标代理人
   C. 工程造价咨询人
   D. 招标人的上级管理单位

2. 【多选】下列资料中，属于招标工程量清单编制依据的有（　　）。
   A. 设计文件
   B. 施工现场情况
   C. 合理的施工方案
   D. 地勘水文资料
   E. 企业定额

考点 4　分部分项工程项目清单编制【必会】

1. 【单选】根据《建设工程工程量清单计价规范》（GB 50500—2013），某分部分项工程的项目编码为 010203004005，其中分项工程顺序码是（　　）。
   A. 02
   B. 03
   C. 004
   D. 005

2. 【单选】根据《建设工程工程量清单计价规范》（GB 50500—2013），某分部分项工程的项目编码的 3、4 位顺序码表示的是（　　）。
   A. 专业工程顺序码
   B. 清单项目顺序码
   C. 分部工程顺序码
   D. 分项工程顺序码

3. 【单选】根据《建设工程工程量清单计价规范》(GB 50500—2013)，关于分部分项工程量清单中项目名称的说法，正确的是（　　）。
   A. 编制清单时，项目名称应根据《计量规范》①的项目名称结合拟建工程的实际确定
   B. 《计量规范》中的项目名称是分项工程名称，以工程主要材料命名
   C. 《计量规范》中的项目名称是分部工程名称，以工程实体命名
   D. 编制清单时，《计量规范》中的项目名称不能变化，但应补充项目规格、材质

4. 【单选】招标人编制工程量清单时，对各专业工程现行《计量规范》附录中未包括的项目应做补充。下列关于该补充项目及其编码的说法，正确的是（　　）。
   A. 该项目编码应由对应《计量规范》的代码和三位阿拉伯数字组成
   B. 清单编制人应将补充项目报省级或行业工程造价管理机构备案
   C. 同一招标工程的项目可以有重码
   D. 该项目按《计量规范》中相近的清单项目编码

5. 【单选】分部分项工程量清单中，（　　）直接决定了工程实体的自身价值，是投标人确定综合单价最重要的依据。
   A. 项目编码   B. 项目名称
   C. 项目特征   D. 工程量计算规则

6. 【多选】根据《建设工程工程量清单计价规范》(GB 50500—2013)，关于分部分项工程量清单中项目特征的说法，正确的有（　　）。
   A. 项目特征应结合拟建工程项目的实际予以描述
   B. 项目特征是区分清单项目的依据
   C. 项目特征是履行合同义务的基础
   D. 项目特征主要涉及项目的自身特征，不涉及项目的工艺特征
   E. 项目特征决定了工程实体的实质内容，直接决定工程实体的自身价值

考点 5　措施项目清单的编制【重要】

1. 【单选】根据《建设工程工程量清单计价规范》(GB 50500—2013)的规定，措施项目清单的列项应根据拟建工程的（　　）列项。
   A. 管理水平   B. 施工特点
   C. 装备水平   D. 实际情况

2. 【单选】根据《建设工程工程量清单计价规范》(GB 50500—2013)的规定，某工程项目招标文件中提出的某些要求需要通过一定的技术措施才能实现。此情况在编制工程量清单时，应列入（　　）。
   A. 分部分项工程项目清单   B. 措施项目清单
   C. 其他项目清单   D. 规费项目清单

---

① 《房屋建筑与装饰工程工程量计算规范》(GB 50854—2013)、《通用安装工程工程量计算规范》(GB 50856—2013)、《市政工程工程量计算规范》(GB 50857—2013)、《园林绿化工程工程量计算规范》(GB 50858—2013)、《仿古建筑工程工程量计算规范》(GB 50855—2013)等各专业计算规范，以下简称《计量规范》。

3. 【多选】根据《建设工程工程量清单计价规范》(GB 50500—2013)编制措施项目清单时，措施项目设置的依据有（   ）。

   A. 拟建工程的合理施工组织设计

   B. 投标企业的资质等级与规模

   C. 拟建工程的合理施工技术方案

   D. 招标文件中需要通过一定技术措施才能实现的要求

   E. 相关的施工规范

考点 6　其他项目清单的编制【重要】

1. 【单选】总承包人对发包人自行采购材料的保管费应计入（   ）。

   A. 现场管理费　　　　　　　　B. 企业管理费

   C. 暂列金额　　　　　　　　　D. 总承包服务费

2. 【多选】根据《建设工程工程量清单计价规范》(GB 50500—2013)，下列清单项目中，属于其他项目清单的有（   ）。

   A. 计日工　　　　　　　　　　B. 暂估价

   C. 材料二次搬运费　　　　　　D. 暂列金额

   E. 总承包服务费

3. 【单选】根据《建设工程工程量清单计价规范》(GB 50500—2013)，下列费用中，不能列入其他项目清单的是（   ）。

   A. 暂估价　　　　　　　　　　B. 总承包人自行分包的管理费

   C. 计日工　　　　　　　　　　D. 暂列金额

4. 【单选】根据《建设工程工程量清单计价规范》(GB 50500—2013)，下列费用可用暂列金额支付的是（   ）。

   A. 工程变更增加的费用

   B. 业主提供了暂估价的材料采购费用

   C. 因承包人原因导致隐蔽工程质量不合格的返工费用

   D. 固定总价合同中材料价格上涨费用

5. 【多选】根据《建设工程工程量清单计价规范》(GB 50500—2013)，编制工程量清单时，计日工表中的材料应按（   ）列项。

   A. 工种　　　　　　　　　　　B. 规格

   C. 型号　　　　　　　　　　　D. 重量

   E. 技术等级

考点 7　规费项目清单的编制【必会】

1. 【单选】根据《建设工程工程量清单计价规范》(GB 50500—2013)，社会保险费应列入工程量清单中的（   ）。

   A. 分部分项工程量清单　　　　B. 规费项目清单

   C. 措施项目清单　　　　　　　D. 税金项目清单

2. 【单选】根据《建设工程工程量清单计价规范》(GB 50500—2013)，不属于规费项目清单的费用是（　　）。

A. 失业保险费 B. 住房公积金
C. 生育保险费 D. 人身意外伤害险

3.【多选】根据《建设工程工程量清单计价规范》(GB 50500—2013)，应计入规费项目清单的费用有（　　）。

A. 安全文明施工费 B. 住房公积金
C. 工程定位复测费 D. 工伤保险费
E. 增值税销项税额

考点 8　工程量清单编制说明【了解】

1.【单选】根据《建设工程工程量清单计价规范》(GB 50500—2013)，在编制工程量清单时，对建筑场地所处地理位置的气候及交通运输条件的描述应列在（　　）中。

A. 其他项目清单的暂列金额
B. 措施项目清单的项目特征
C. 可能导致噪声污染的分部分项工程量清单的项目特征
D. 工程量清单编制总说明

2.【单选】根据《建设工程工程量清单计价规范》(GB 50500—2013)，下列不属于工程量清单编制总说明内容的是（　　）。

A. 工程概况
B. 工程招标及分包单位
C. 工程质量、材料等的特殊要求
D. 工程量清单编制依据

考点 9　最高投标限价概念及编制依据【必会】

1.【单选】根据《中华人民共和国招标投标法》中对最高投标限价的相关规定，下列说法正确的是（　　）。

A. 最高投标限价公布后根据需要可以上浮或下调
B. 所有的建设工程招标都必须编制最高投标限价
C. 最高投标限价可以在招标文件中公布，也可以在开标时公布
D. 高于最高投标限价的投标报价应被拒绝

2.【单选】下列属于最高投标限价编制依据的是（　　）。

A. 施工现场情况和施工企业定额
B. 拟定的投标文件及投标工程量清单
C. 建设工程设计文件及相关资料
D. 与建设项目无关的标准、规范、技术资料

考点 10　最高投标限价的编制内容【必会】

1.【单选】下列关于最高投标限价中计日工的说法，正确的是（　　）。

A. 人工单价和材料单价按省级、行业建设主管部门公布的单价计算
B. 人工单价和施工机械台班单价按省级、行业建设主管部门或其授权的工程造价管理机构

公布的单价计算

C. 施工机械台班单价按工程造价管理机构发布的工程造价信息中的材料单价计算

D. 工程造价信息未发布单价的材料，其价格按估算的材料单价计算

2.【单选】招标人要求总承包人对专业工程进行统一管理和协调的，总承包人可计取总承包服务费，其取费基数为（　　）。

　　A. 专业工程估算造价

　　B. 投标报价总额

　　C. 分部分项工程费用

　　D. 分部分项工程费与措施费之和

3.【单选】根据《建设工程工程量清单计价规范》（GB 50500—2013），在编制最高投标限价时，计日工中的材料价格应选用（　　）。

　　A. 招标人的材料供应商提供的材料单价

　　B. 近三个月当地已完工程材料结算单价的平均值

　　C. 根据材料特点确定

　　D. 工程造价管理机构发布的工程造价信息中的材料单价

考点 11　投标报价编制的原则和依据【重要】

1.【多选】根据《建设工程工程量清单计价规范》（GB 50500—2013），为避免出现差错，要求投标人必须按照招标人提供的招标工程量清单填报投标价格，必须与招标工程量清单保持一致的有（　　）。

　　A. 项目编码　　　　　　　　B. 项目名称

　　C. 计量单位　　　　　　　　D. 工程量

　　E. 工程内容

2.【多选】下列关于工程量清单计价下施工企业投标报价的原则，说法正确的有（　　）。

　　A. 投标人应依据标准和规范的规定自主确定投标报价

　　B. 投标报价可以低于工程成本

　　C. 投标人应该以施工方案、技术措施等作为投标报价计算的基本条件

　　D. 投标人必须按招标工程量清单填报价格

　　E. 投标报价要以招标文件中设定的发承包双方责任划分作为基础

3.【单选】下列资料中，属于编制最高投标限价和投标报价的共同依据的是（　　）。

　　A. 企业定额　　　　　　　　B. 招标文件

　　C. 工程计价信息　　　　　　D. 施工现场情况

考点 12　投标报价的编制方法【必会】

1.【多选】采用《建设工程工程量清单计价规范》（GB 50500—2013）进行招标的工程，企业在投标报价时，不得作为竞争性费用的有（　　）。

　　A. 垂直运输费　　　　　　　B. 安全文明施工费

　　C. 分部分项工程费　　　　　D. 规费

　　E. 税金

2. 【单选】根据《建设工程工程量清单计价规范》（GB 50500—2013），关于施工发承包投标报价的编制，下列说法正确的是（　　）。
   A. 设计图纸与招标工程量清单项目特征描述不同的，以设计图纸特征为准
   B. 暂列金额应按照招标工程量清单中列出的金额填写，不得变动
   C. 材料、工程设备暂估价应按暂估单价，乘以所需数量后计入其他项目费
   D. 总承包服务费应按照投标人提出的协调、配合和服务项目自主报价

3. 【单选】下列关于投标报价的说法，正确的是（　　）。
   A. 总价措施项目费由招标人填报
   B. 暂列金额依据招标工程量清单总说明，结合项目管理规划自主填报
   C. 暂估价依据询价情况填报
   D. 投标人对投标报价的任何优惠均应反映在相应的清单项目的综合单价中

4. 【单选】根据《建设工程工程量清单计价规范》（GB 50500—2013），下列关于投标人其他项目费的编制，说法错误的是（　　）。
   A. 专业工程暂估价按照招标工程量清单中列出的金额填写
   B. 暂列金额应按照招标工程量清单中列出的金额填写
   C. 计日工按招标工程量清单中列出的项目和数量自主确定各项综合单价
   D. 总承包服务费应按照投标人提供的服务和现场管理需要自主确定

5. 【单选】根据《建设工程工程量清单计价规范》（GB 50500—2013），下列关于投标人的投标总价编制的说法，正确的是（　　）。
   A. 为降低投标总价，投标人可以将暂估价降至零
   B. 投标人报价时可以给予一定幅度的总价优惠
   C. 开标前投标人来不及修改标书时，可在投标者致函中给出优惠比例，并将优惠后的总价作为新的投标价
   D. 投标人对投标报价的任何优惠均应反映在相应清单项目的综合单价中

6. 【单选】综合单价计算的主要工作有：①分部分项工程人工、材料、施工机具使用费的计算；②分析每一清单项目的工程内容；③确定计算基础；④计算工程内容的工程数量与清单单位的含量；⑤计算综合单价。正确的顺序是（　　）。
   A. ③→①→②→④→⑤
   B. ②→①→③→④→⑤
   C. ③→②→①→④→⑤
   D. ③→②→④→①→⑤

7. 【单选】根据《建设工程工程量清单计价规范》（GB 50500—2013），某招标工程量清单中挖沟槽土方的工程量为 1600 m³，在考虑工作面和放坡后，预计开挖土方量为 3590 m³，运输土方量为 1025 m³，人、料、机单价为 20 元/m³，管理费、利润单价为 7.4 元/m³。不考虑其他因素，则该分项工程的工程量清单综合单价为（　　）元/m³。
   A. 16.85　　　　　　　　　　　　B. 45.46
   C. 23.22　　　　　　　　　　　　D. 61.38

考点 13　合同价款约定【了解】

1. 【单选】实行招标的工程合同价款应在中标通知书发出之日起（　　）天内，由发承包双方依据招标文件和中标人的投标文件在书面合同中约定。
   A. 7　　　　　　　　　　　　B. 14
   C. 38　　　　　　　　　　　　D. 30

2. 【单选】下列四种情形中，适宜采用固定总价合同的工程是（　　）。
   A. 采用某种新技术且较复杂，工期 5 年的海底隧道工程
   B. 采用工程量清单计价，只有初步设计图纸，工期 2 年的地铁站房建设工程
   C. 特大暴雨过后的紧急抢险工程
   D. 工期 6 个月，规模小且施工图设计已审查批准的办公楼工程

3. 【多选】根据《建设工程价款结算暂行办法》（财建〔2004〕369 号），发承包双方应在施工合同中约定的合同价款事项有（　　）。
   A. 投标保证金的数额、支付方式及时间
   B. 预付工程款的比例或金额
   C. 进度款计量、计价、支付的依据、程序、方法、比例、时限等
   D. 工程保险的类型、范围、投保责任、保险费用支付
   E. 违约责任以及发生合同价款争议的解决方法及时间

第十七章 工程计量与支付

知识脉络

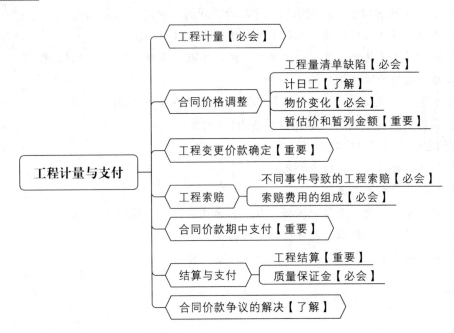

考点 1 工程计量【必会】

1.【单选】某土方工程按《建设工程工程量清单计价规范》(GB 50500—2013) 签订了单价合同,招标清单中土方开挖工程量为 8000m³,施工过程中承包人采用了放坡的开挖方式,完工计量时,承包人因施工操作不慎塌方增加土方开挖量 500m³,则应予结算的土方开挖工程量为( )m³。

A. 8500   B. 8000
C. 7500   D. 500

2.【多选】施工过程中,下列可以作为工程量计量依据的资料有( )。

A. 质量合格证书   B. 工程量计算规范
C. 预算定额   D. 技术规范
E. 设计图纸

3.【单选】根据相关规定,关于单价合同计量的说法,正确的是( )。

A. 发包人未在收到承包人提交的已完工程的计量报告后的 7 天内核实的,则该工程量视为承包人实际完成的工程量

B. 发包人可以在任何方便的时候计量,且计量结果有效

C. 承包人收到计量的通知后不派人参加的,则发包人的计量结果无效

D. 承包人为保证施工质量超出施工图纸范围实施的工程量,应全部予以计量

考点 2　工程量清单缺陷【必会】

1.【单选】根据《建设工程工程量清单计价规范》(GB 50500—2013)，采用单价合同的工程，如果工程量清单缺陷经发承包双方确认后，已标价工程量清单中有适用于工程量清单缺陷项目的，则调整原则为（　　）。

A. 当工程数量增加超过15%时，15%及以内部分按照清单项目原有的综合单价计算

B. 当工程数量减少超过15%时，15%以内部分由发承包双方根据实施工程的合理成本和利润协商确定其综合单价

C. 当工程数量增加超过15%时，15%以内部分由发承包双方根据实施工程的合理成本和利润协商确定综合单价

D. 当工程数量减少超过15%时，15%及以外部分按照清单项目原有的综合单价扣减

2.【单选】某独立土方工程，招标文件中估计工程量为100万 m^3。合同中规定：土方工程单价为6元/m^3，当实际工程量超过估计工程量15%时调整单价，单价调为5元/m^3。工程结束时实际完成土方工程量为120万 m^3，则该土方工程款为（　　）万元。

A. 245　　　　　B. 356　　　　　C. 567　　　　　D. 715

3.【单选】某混凝土工程招标清单工程量为400m^3，综合单价为300元/m^3，在施工过程中，由于工程变更导致实际完成工程量为500m^3。合同约定，当实际工程量增加15%时可调整单价，调价系数为0.8。该混凝土工程的实际工程费用为（　　）万元。

A. 9.6

B. 12

C. 14.76

D. 15

4.【单选】根据《建设工程工程量清单计价规范》(GB 50500—2013)，采用工程量清单计价的某分部分项工程，最高投标限价的综合单价为340元，承包人投标报价的综合单价为280元，该工程投标报价总的下浮率为5%，结算时，该分部分项工程工程量比清单工程量增加了16%，且合同未确定综合单价的调整方法，则对该综合单价的正确处理方式是（　　）。

A. 调整为266元

B. 调整为274.55元

C. 不作任何调整

D. 调整为289元

5.【单选】某分项工程招标工程量清单数量为4000m^2，施工中由于设计变更调减为3000m^2，该项目最高投标限价的综合单价为600元/m^2，投标报价为450元/m^2。合同约定实际工程量与招标工程量偏差超过±15%时，综合单价以最高投标限价为基础调整。若承包人报价浮动率为10%，该分项工程费结算价为（　　）万元。

A. 137.70

B. 155.25

C. 186.30

D. 207.00

考点 3　计日工【了解】

【单选】发包人应在收到承包人提交计日工签证报告后的（　　）天内予以确认并将其中一份返还给承包人，作为计日工计价和支付的依据。

A. 2

B. 5

C. 7

D. 14

考点 4 物价变化【必会】

1. 【单选】承包人投标报价中可调价因子单价低于基准价，计量周期工程造价管理机构发布的单价涨幅以（ ）为基础超过合同约定的风险幅度值，其超过部分按实调整。

   A. 投标报价　　　　　　　　　　　　　B. 最高投标限价
   C. 基准价　　　　　　　　　　　　　　D. 实际价

2. 【单选】因承包人原因导致工期延误的，计划进度日期后续工程的价格指数，采用价格指数调整其价格差额时，现行价格指数应采用（ ）。

   A. 计划进度日期的价格指数
   B. 实际进度日期的价格指数
   C. 计划进度日期与实际进度日期两者指数的较低者
   D. 实际竣工日期前 42 天的价格指数

3. 【单选】2023 年 5 月实际完成的某工程按 2022 年 5 月签约时的价格计算，工程价款为 1000 万元，该工程定值权重为 0.2，各参加调值的部分，除钢材的价格指数增长了 10% 外其余都未发生变化，钢材费用变值权重为 0.4，按价格指数调整公式法计算，则该工程实际价款变化值为（ ）万元。

   A. 20　　　　　　　　　　　　　　　　B. 30
   C. 40　　　　　　　　　　　　　　　　D. 50

4. 【单选】某工程施工合同约定根据价格调整公式调整合同价，已知不调值部分占合同价的比例为 15%，可参与调值部分的费用类型、占合同总价的比例和相关价格指数见下表，若结算当月完成的合同额为 1000 万元，则调整后的合同金额为（ ）万元。

费用类型	占合同总价的比例	基准日期价格指数	合同签订时价格指数	结算时价格指数
人工	30%	101	103	106
钢筋	20%	101	110	105
混凝土	35%	105	109	115

   A. 1056.1　　　　　　　　　　　　　　B. 1034.1
   C. 1017.6　　　　　　　　　　　　　　D. 1000.0

5. 【多选】某工程采用的预拌混凝土由承包人提供，所需品种见下表，在施工期间采购预拌混凝土时，其单价分别为 C20：327 元/m³；C25：335 元/m³；C30：345 元/m³。则关于合同约定的材料单价调整的说法，正确的有（ ）。

混凝土品种	单位	风险系数/%	基准单价/元	投标报价/元
C20	m³	≤5	310	309
C25	m³	≤5	325	328
C30	m³	≤5	342	342

   A. C20 单价不予调整　　　　　　　　　B. C20 单价调整为 310.488 元
   C. C25 单价不予调整　　　　　　　　　D. C25 单价调整为 335.349 元
   E. C30 单价不予调整

考点 5　暂估价和暂列金额【重要】

1. 【单选】发包人在招标工程量清单中给定材料暂估价不属于依法必须招标的，应由（　　）进行采购定价，经确认单价后取代暂估价，调整合同价格。
   A. 发包人
   B. 监理人
   C. 承包人
   D. 设计人

2. 【单选】根据《建设工程工程量清单计价规范》（GB 50500—2013），暂列金额可用于支付（　　）。
   A. 施工中发生设计变更增加的费用
   B. 业主提供了暂估价的材料采购费用
   C. 因承包人原因导致隐蔽工程质量不合格的返工费用
   D. 因施工缺陷造成的工程维修费用

3. 【多选】根据《建设工程工程量清单计价规范》（GB 50500—2013），下列关于暂列金额的说法，正确的有（　　）。
   A. 已签约合同中的暂列金额应由发包人掌握使用
   B. 已签约合同中的暂列金额应由承包人掌握使用
   C. 发包人按照合同规定将暂列金额作出支付后，剩余金额归承包人所有
   D. 承包人按照合同规定将暂列金额作出支付后，剩余金额归发包人所有
   E. 发包人按照合同规定将暂列金额作出支付后，剩余金额归发包人所有

考点 6　工程变更价款确定【重要】

1. 【单选】根据《建设工程施工合同（示范文本）》，下列关于工程变更的说法，正确的是（　　）。
   A. 变更指示均通过发包人发出
   B. 承包人可以根据施工的需要对工程非重要的部分做出适当变更
   C. 监理人发出变更指示一般无须征得发包人的同意
   D. 承包人收到变更指示后，应按变更指示进行变更工作

2. 【单选】关于变更估价原则，下列说法错误的有（　　）。
   A. 已标价工程量清单中有适用于变更工作的子目的，采用该子目的单价
   B. 已标价工程量清单中无适用于变更工作的子目，但有类似子目的，可在合理范围内参照类似子目的单价，由监理人按商定或确定条款变更工作的单价
   C. 已标价工程量清单中无适用或类似子目的单价，可按照成本加利润的原则，由监理人按商定或确定条款变更工作的单价
   D. 已标价工程量清单中无适用于变更工作的子目的，承包人自行确定单价

考点 7　不同事件导致的工程索赔【必会】

1. 【单选】某工程原定于 2022 年 9 月 20 日竣工，因承包人原因，工程延至 2022 年 10 月 20 日竣工。但在 2022 年 10 月因法规的变化导致工程造价增加 120 万元，则工程合同价款应（　　）。
   A. 调增 120 万元
   B. 调减 60 万元

C. 调增60万元　　　　　　　　　D. 不予调整

2. 【单选】根据《建设工程工程量清单计价规范》（GB 50500—2013），因不可抗力事件导致的损害及其费用增加，应由承包人承担的是（　　）。
   A. 工程本身的损害
   B. 发包方现场的人员伤亡
   C. 承包人的施工机械损坏
   D. 工程所需修复费用

3. 【多选】因不可抗力事件导致的人员伤亡、财产损失及其费用增加，发承包双方分别承担并调整合同价款和工期应遵循的原则，错误的有（　　）。
   A. 发包人、承包人人员伤亡由其所在单位负责，并承担相应费用
   B. 承包人的施工机械设备损坏及停工损失，应由承包人承担
   C. 停工期间，承包人应发包人要求留在施工场地的必要的管理人员及保卫人员的费用，应由发包人承担
   D. 工程所需清理、修复费用，应由承包人承担
   E. 已运至施工现场的材料的损坏，由承包人承担

4. 【多选】提前竣工（赶工补偿）中，赶工费用的主要内容有（　　）。
   A. 不经济使用人工的补贴
   B. 材料提前交货可能增加的费用
   C. 材料运输费的增加
   D. 可能增加的管理费
   E. 可能增加机械设备投入

考点 8　索赔费用的组成【必会】

1. 【单选】施工机械使用费中的窝工费计算时，承包商自有设备的窝工费一般按（　　）计算。
   A. 台班折旧费
   B. 台班折旧费＋设备进出现场的分摊费
   C. 台班使用费
   D. 同类型设备的租金

2. 【单选】某建设工程由于业主方临时设计变更导致停工，承包商的工人窝工8个工日，窝工费为300元/工日；承包商租赁的挖土机窝工2个台班，挖土机租赁费为1000元/台班，动力费为160元/台班；承包商自有的自卸汽车窝工2个台班，该汽车折旧费用为400元/台班，动力费为200元/台班。承包商可以向业主索赔的费用为（　　）元。
   A. 5200　　　　　　　　　　　　B. 4800
   C. 5400　　　　　　　　　　　　D. 5800

3. 【单选】下列干扰事件中，承包商不能提出工期索赔的是（　　）。
   A. 工程师指示承包商加快施工进度
   B. 开工前发包人原因引起的暂停施工
   C. 异常恶劣的气候条件
   D. 发包人原因造成工期延误

4. 【多选】根据《标准施工招标文件》，下列导致承包人工期延长和费用增加的事件中，承包人可同时索赔工期、费用和利润的有（　　）。
   A. 提供图纸延误

B. 发包人原因引起的暂停施工
C. 施工过程发现文物
D. 承包人遇到不利物质条件
E. 发包人要求向承包人提前交付材料和工程设备

5.【多选】根据《标准施工招标文件》，下列事件中，承包人向发包人既可索赔工期又可索赔费用的有（   ）。
A. 发包人原因导致工程缺陷和损失
B. 承包人遇到不利物质条件
C. 发包人要求向承包人提前交付工程设备
D. 施工过程发现古迹、化石
E. 不可抗力

考点 9　合同价款期中支付【重要】

1.【单选】在具备施工条件的前提下，发包人应在双方签订合同后不迟于约定开工日期的（   ）天前预付工程款。
A. 7
B. 14
C. 28
D. 30

2.【单选】下列关于承包人有权暂停施工的情形，正确的是（   ）。
A. 发包人逾期支付预付款
B. 发包人逾期支付预付款超过7天
C. 承包人发出要求预付的催告通知
D. 承包人在发出要求预付的通知14天后

3.【单选】下列关于安全文明施工费的说法，正确的是（   ）。
A. 预付时间为工程开工后42天内，金额为安全文明施工费总额的60%
B. 预付时间为工程开工后42天内，金额为安全文明施工费总额的50%
C. 预付时间为工程开工后28天内，金额为安全文明施工费总额的50%
D. 预付时间为工程开工后14天内，金额为安全文明施工费总额的60%

考点 10　工程结算【重要】

1.【单选】施工过程结算款的支付比例在合同中予以约定，应不低于当期施工过程结算价款总额的（   ）。
A. 60%
B. 70%
C. 80%
D. 90%

2.【单选】下列关于竣工结算的说法，错误的是（   ）。
A. 发包人委托工程造价咨询人核对竣工结算的，工程造价咨询人应在14天内核对完毕
B. 工程造价咨询人收到承包人提出的异议后，应再次核对，核对无异议的，应于7天内在竣工结算文件上签字确认
C. 承包人在收到核对结论后的28天内，未提出书面异议的，应视为工程造价咨询人核对的竣工结算文件已被承包人认可

D. 发包人在竣工结算支付证书签发后或者在收到承包人提交的竣工结算款支付申请 14 天后的 56 天内仍未支付的，除法律法规另有规定外，承包人可与发包人协商将该工程折价，也可直接向人民法院申请将该工程依法拍卖

考点 11　质量保证金【必会】

1.【单选】发包人累计扣留的质量保证金不得超过工程价款结算总额的（　　）。
   A. 1%　　　　　　　　　　　　　　B. 3%
   C. 5%　　　　　　　　　　　　　　D. 10%

2.【多选】根据《建设工程施工合同（示范文本）》（GF—2017—0201）通用合同条款，关于工程保修的说法，正确的有（　　）。
   A. 保修期内，因发包人使用不当造成工程的缺陷和损坏，可以委托承包人修复，发包人承担修复的费用，但不用支付承包人利润
   B. 保修期内，因承包人原因造成工程的缺陷和损坏，承包人应负责修复并承担修复的费用，但不承担因工程缺陷和损坏造成的人身及财产损失
   C. 保修期内，因特大地震造成工程的缺陷和损坏，可以委托承包人修复，发包人承担修复的费用并支付承包人合理的利润
   D. 保修期内，发包人发现已经接收的工程存在任何缺陷应书面通知承包人修复，承包人接到通知后应在 48 小时内到工程现场修复缺陷
   E. 因承包人原因造成工程的缺陷或损坏，经发包人书面催告后承包人仍未修复，发包人有权自行修复，所需费用由承包人承担

考点 12　合同价款争议的解决【了解】

【单选】当发生合同价款争议时，发承包双方在收到工程师的暂定结果通知之后的（　　）天内未对暂定结果予以确认也未提出不同意见的，应视为发承包双方已认可该暂定结果。
   A. 5　　　　　　　　　　　　　　　B. 7
   C. 14　　　　　　　　　　　　　　 D. 28

第十八章 工程总承包计价

知识脉络

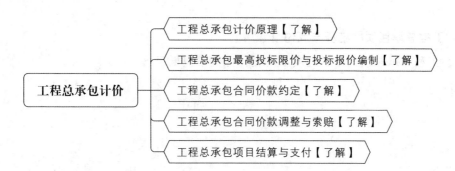

考点 1 工程总承包计价原理【了解】

【单选】下列不属于不宜采用设计采购施工总承包的情形的是（　　）。

A. 投标人没有足够的时间或信息仔细审核发包人要求，或没有足够的时间或信息进行设计、风险评估和估价

B. 施工涉及实质性地下工程或投标人无法检查的其他区域的工程

C. 发包人以施工图项目进行工程计量和计价

D. 发包人要密切监督或控制承包人的工作，或审查大部分施工图纸

考点 2 工程总承包最高投标限价与投标报价编制【了解】

【单选】根据《建设项目工程总承包计价规范》（T/CCEAS 001—2022）规定，发包人宜选择设置（　　）进行招标发包。

A. 标底

B. 最高投标限价

C. 人、料、机单价

D. 最高单价

考点 3 工程总承包合同价款约定【了解】

【多选】建设项目工程总承包中，造成合同工期和价格的变化主要由发包人承担的情形有（　　）。

A. 国家法律发生变化

B. 不可抗力

C. 施工单位人员伤亡

D. 专用合同条款中约定的人工、主要材料等市场价格变化超过合同约定幅度

E. 不可预见的地质条件变化

考点 4 工程总承包合同价款调整与索赔【了解】

【单选】《中华人民共和国标准施工招标文件》中仅规定了监理人应在收到索赔通知书或有关索赔的进一步证明文件后的（　　）天内，将索赔处理结果答复承包人，但未明确规定未按期答复的处理方式。

A. 7　　　　　　　　　　　　　　B. 14

C. 28　　　　　　　　　　　　　D. 42

考点 5 工程总承包项目结算与支付【了解】

【单选】工程总承包模式中，进度款的支付比例不应低于（　　）。

A. 70%　　　　　　　　　　　　B. 80%

C. 90%　　　　　　　　　　　　D. 95%

第十九章 国际工程投标报价

知识脉络

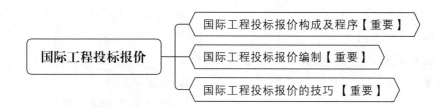

考点 1　国际工程投标报价构成及程序【重要】

1.【单选】下列国际工程投标报价组成中，属于现场管理费的是（　　）。
   A. 工程辅助费　　　　　　　　　B. 检验试验费
   C. 临时设施工程费　　　　　　　D. 工程保险费

2.【单选】（　　）项目不在工程量清单上出现，而是作为报价项目的价格组成因素隐含在每项综合单价之内。
   A. 开办费　　　　　　　　　　　B. 分包工程费
   C. 材料费　　　　　　　　　　　D. 待摊费用

考点 2　国际工程投标报价编制【重要】

1.【多选】下列关于投标人参加标前会议的说法，错误的有（　　）。
   A. 批评或否定业主在招标文件中的有关规定
   B. 对工程内容范围不清的问题应提请说明
   C. 对含糊不清、容易产生歧义理解的合同条件可请求澄清、解释
   D. 对招标文件中图纸与技术说明互相矛盾之处请求说明应以何者为准
   E. 提出对业主有利的设计方案修改建议

2.【单选】国际工程投标报价时，在工程所在国当地采购的材料设备的预算价格应按（　　）计算。
   A. 材料设备出厂价格　　　　　　B. 投标人所在国预算价格
   C. 当地市场价格　　　　　　　　D. 施工现场交货价格

3.【单选】下列关于国际工程招标中暂列金额的说法，正确的是（　　）。
   A. 承包商在投标报价时应将暂列金额在总报价之外单列
   B. 暂列金额的数量一般由业主在招标文件中明确
   C. 暂列金额只能用于应对意外情况引起的损失
   D. 业主工程师无权决定使用暂列金额

考点 3　国际工程投标报价的技巧【重要】

1.【多选】国际工程投标报价时，考虑工程项目的不同特点、类别、施工条件等情况采用低价

策略的情形有（　　）。

A. 支付条件好的工程
B. 专业要求高的技术密集型工程
C. 竞争对手少的工程
D. 一般公司都可做的工程
E. 工期要求急的工程

2.【多选】在国际工程投标报价时，（　　）工程的报价可以高一些。

A. 施工条件好的
B. 竞争对手少的
C. 工期要求不急的
D. 支付条件好的
E. 支付条件不理想的

3.【单选】在某国家工程投标报价中，运用不平衡报价时，适宜报低一些的是（　　）。

A. 开办费
B. 土方工程
C. 地基基础工程
D. 机电设备安装工程

第二十章 工程计价数字化与智能化

■ 知识脉络

工程计价数字化与智能化
- BIM在工程计价中的应用【了解】
- 人工智能在工程计价中的应用【了解】
- 大数据在工作计价中的应用【了解】

考点 1　BIM 在工程计价中的应用【了解】

【单选】下列不属于 BIM 对工程计价的影响的是（　　）。

A. 提高数据一致性和准确性

B. 提高计价效率

C. 支持价值工程

D. 提供智能决策支持

考点 2　人工智能在工程计价中的应用【了解】

【多选】下列属于人工智能在工程计价中应用的场景的有（　　）。

A. 人工智能在投资估算中的应用

B. 人工智能在设计概算中的应用

C. 人工智能在投标报价中的应用

D. 人工智能在施工图预算中的应用

E. 人工智能在工程量清单计价中的应用

考点 3　大数据在工作计价中的应用【了解】

【单选】下列不属于大数据对工程计价的影响的是（　　）。

A. 提高数据一致性和准确性

B. 提高计价准确性和效率

C. 数据来源的多样化

D. 实时数据的应用

参考答案与解析

第一篇　工程经济

第一章　资金时间价值计算及应用

考点 1　利息与利率的概念

1. 【答案】A

   【解析】年利率 $i = I/P = 5/100 \times 100\% = 5\%$。

2. 【答案】A

   【解析】利息来源于资金运营过程中的增值，是利润的一部分，如果利率高于利润率，企业无利可图就不会去借款或发行债券，利率与社会平均利润率同向波动，社会平均利润率是利率的最高界限。社会平均利润率是决定利率水平的首要因素。

3. 【答案】A

   【解析】利息是资金收益或使用代价的绝对数；利率是资金收益或使用代价的相对数，表示资金的增值程度。

4. 【答案】B

   【解析】利息作为资金收益，风险越大，要求利率越高。

5. 【答案】ABD

   【解析】利息在市场经济运行中会影响有关主体的行为，表现为以下几方面：

   （1）影响企业行为。利息作为资金使用成本，本质来源于企业创造的利润，因此企业必须合理利用资金，减少资金占用，提高资金周转效率；同时，利息水平与企业生产经营利润水平比较，会直接影响企业资金筹措决策。

   （2）影响居民资产选择行为。居民拥有的资金，可用于消费、储蓄或投资，利息收入的高低，是居民资金使用方式决策的重要依据，从而影响其资产使用行为。

   （3）影响政府行为。由于利息对企业和居民个人行为都产生影响，政府作为宏观调控主体，可通过利息手段调节微观主体（企业、居民）行为，为特定宏观经济管理目的服务。

考点 2　利息的计算方法

1. 【答案】D

   【解析】单利计息，每年利息是一样的。$I = P \times i = 500 \times 6\% = 30$（万元）。

2. 【答案】D

   【解析】第 2 年末应偿还的本利和 $F = P(1+i)^n = 1000 \times (1+8\%)^2 = 1166.4$（万元）。

3. 【答案】C

   【解析】单利计息，第 4 年末应偿还的本利和为 $2000 \times (1+8\% \times 4) = 2640$（万元）。

考点 3　名义利率与有效利率计算

1. 【答案】D

   【解析】实际利率 $i = (1+6\%/2)^2 - 1 = 6.09\%$。

2. 【答案】B

   【解析】年有效利率 $i = (1+r/m)^m - 1 = (1+8\%/4)^4 - 1 = 8.24\%$。

3. 【答案】A

   【解析】年有效利率 $i = (1+r/m)^m - 1 = (1+8\%/2)^2 - 1 = 8.16\%$，比名义利率高 $8.16\% - 8\% = 0.16\%$。

考点 4　资金时间价值的影响因素

1. 【答案】B

   【解析】在单位时间的资金增值率一定的条件下，资金使用时间越长，则资金的时间价值越大。

2. 【答案】DE

   【解析】资金的时间价值来源于资金在生产运营中发挥作用带来的增值，因此，影响企业生产经营效益的因素都会成为资金时间价值的影响因素，其中直接相关的影响因素有：

   (1) 资金使用的时机。不同时机生产运营获利的可能性及水平高低不同，资金在不同时机使用增值潜力不同，具有不同的时间价值。

   (2) 资金的使用时长。在单位时间的资金增值率一定的条件下，资金使用时间越长，则资金的时间价值越大；使用时间越短，则资金的时间价值越小。

   (3) 投入运营的资金数量的多少。在其他条件不变的情况下，投入运营的资金数量越多，资金的时间价值就越多；反之，资金的时间价值则越少。

   (4) 资金周转的速度。在资金周转效率一定的情况下，资金周转越快，在一定的时间内等量资金的周转次数越多，资金的时间价值越多；反之，资金的时间价值越少。

3. 【答案】A

   【解析】选项A正确，资金的价值是随时间变化而变化的，是时间的函数，随时间的推移而增值，资金的增值部分就是原有资金的时间价值，资金的时间价值来源于资金在生产运营中发挥作用带来的增值。

   选项B错误，贷款期限长，不可预见因素多，风险大，利率就高；反之利率就低。

   选项C错误，单利计算的利息就是资金的时间价值，只不过单利计息的利息没有再生利，这部分没有考虑资金的时间价值。

   选项D错误，在资金周转效率一定的情况下，资金周转越快，在一定的时间内等量资金的周转次数越多，资金的时间价值越多；反之，资金的时间价值越少。

考点 5　现金流量图和现金流量表

1. 【答案】AE

   【解析】资金有时间价值，即使金额相同，因其发生在不同的时间，其价值就不相同；金额不等，即使发生在相同时点，其价值也不相同。

2. 【答案】D

   【解析】现金流量图的三要素为现金流量的大小（现金流量数额）、方向（现金流入或现金流出）和作用点（现金流量发生的时点），选项D错误。

3. 【答案】C

   【解析】现金流量图的绘制方法和规则如下：

   (1) 横轴为时间轴，向右延伸表示时间的延续，时间轴上每一刻度表示一个时间单位，可取年、半年、季或月等。时间轴上的点称为时点，其中0表示时间序列的起点，n表示时间序列的终点，除起点0和终点n外，其他时点既表示一个时间单位的结束（期末），也表示下一个时间单位的开始（期初），选项C错误。

   (2) 箭线方向表示现金流量的方向，即资金是流入还是流出，时间轴上方的箭线表示现金流入，下方的箭线表示现金流出。一项资金收付是现金流入还是流出，取决于分析的视角。

   (3) 箭线与时间轴的交点表示现金流量发生的时点（作用点）。实际工作中，资金收付具有随机性，并不一定发生在某一时间单位的期初或者期末（如年末、月末等），但当期发生的资金收付计入当期期初或期末不会对时间价值计算产生显著影响，因此，现金流量图中，某一期发生的资金流汇总在期末标注。

   (4) 箭线长短相对表示现金流量的大小。由于分析对象多项资金收付差额可能较大，难

105

以在现金流量图中严格按比例绘制其长度，在现金流量图中，只要箭线长短能相对体现各时点现金流量数值的差异即可。

考点 6　资金等值计算公式

1. 【答案】B
   【解析】$(F/P, i, n) = (1+i)^n$，选项B错误。

2. 【答案】A
   【解析】本题中，已知A求P，故排除选项C、D；计算期限为5年，故排除选项B。

3. 【答案】C
   【解析】$500 \times (A/P, 10\%, 5)$是已知现值，求年金$A$。本题要求的是每年年初应获得的净现金流入，所以再将求出的年金A折算到年初，即$500 \times (A/P, 10\%, 5) \times (P/F, 10\%, 1)$，选项C正确。
   【知识点拨】括号内斜线左侧为未知数，右侧为已知数。

4. 【答案】D
   【解析】收回资金$F = P(F/P, 8\%, 5) = 300 \times 1.4693 = 440.79$（万元）。
   【知识点拨】一定要选取正确的系数，以便快速得出答案。也可直接用公式计算。

5. 【答案】A
   【解析】$A = 100 \times (1+i) = 105$（万元），$F = A[(1+i)^n - 1]/i = 331.01$（万元）。$(A=105, i=5\%, n=3)$
   【知识点拨】因为是每年年初等额存款，故$A = 100 \times (1+i)$。此题亦可直接用每年的现金流折算到第3年末来计算。

6. 【答案】D
   【解析】已知P求A，$A = P[i \times (1+i)^n]/[(1+i)^n - 1] = 1000 \times [8\% \times (1+8\%)^{10}]/[(1+8\%)^{10} - 1] = 149.03$（万元）。

7. 【答案】B
   【解析】根据题目，"其中后两年的投资使用银行贷款"表示贷款额度：第2年投资2000万元，第3年投资1500万元。还款时间是从第3年起开始获利并偿还贷款，即第3年年底。年利率10%。还款方式：贷款分5年等额偿还。资金回收公式，已知P求A的。第2年投资2000万元（贷款），要算到第2年年底，也就是第3年年初，即一年的本利和$F = P(1+i)^n = 2000 \times (1+10\%)^1 = 2200$（万元）。第3年的计息本金$= 2200 + 1500 = 3700$（万元）。则$A = P \times i \times (1+i)^n/[(1+i)^n - 1] = 3700 \times 10\% \times (1+10\%)^5/[(1+10\%)^5 - 1] = 976$（万元）。

8. 【答案】C
   【解析】$F = 10 \times (1 + 6\%/2)^4 = 11.26$（万元）。

9. 【答案】B
   【解析】$I = 300 \times 4\% \times 6 = 72$（万元）。

10. 【答案】C
    【解析】第1年需支付利息：$100 \times (1 + 8\%/4)^4 - 100 = 8.24$（万元）。两年末支付的利息总和：$8.24 \times 2 = 16.48$（万元）。

11. 【答案】DE
    【解析】半年复利计息一次，按半年为计息周期，本利和计算公式：$100 \times (F/P, 5\%, 6)$；按一年为计息周期，本利和计算公式：$100 \times (F/P, 10.25\%, 3)$。
    【知识点拨】一定要注意，i与n是对应的。

12. 【答案】A
    【解析】半年计息一次，则半年实际利率$= 3\%/2 = 1.5\%$，3年为6个半年，则3年末支付额$= 200 \times (1 + 1.5\%)^6 = 218.69$（万元）。

13. 【答案】C
    【解析】根据公式$i_{eff} = (1 + r/m)^m - 1$分别计算得：甲银行：$i_{eff} = (1 + 8\%/4)^4 - 1 = 8.24\%$；乙银行：$i_{eff} = (1 + 8\%/12)^{12} - 1 = 8.29\%$；丙银行：$i_{eff} = (1 + 7.8\%/4)^4 - 1 = 8.03\%$；丁银行：$i_{eff} = (1 + 7.8\%/12)^{12} - 1 = 8.08\%$。故丙银行有效利率最低，应向丙银行贷款。

14. 【答案】C

【解析】先计算出半年复利计息一次的有效利率，再按有效利率计算出5年等额支付系列终值。年实际利率 $i_{eff}=(1+r/m)^m-1=(1+12\%/2)^2-1=12.36\%$，5年末的本利和 $F=1000\times(F/A, i_{eff}, 5)=1000\times[(1+12.36\%)^5-1]/12.36\%=6398$（元）。

第二章 经济效果评价

考点 1 经济效果评价内容

1. 【答案】D
   【解析】盈亏平衡分析和敏感性分析属于不确定性分析。

2. 【答案】AB
   【解析】方案盈利能力分析重点是现金流分析，通过相关财务报表，计算方案的财务内部收益率、财务净现值等指标，判断方案盈利能力大小。选项C、D、E属于偿债能力分析主要指标。

3. 【答案】C
   【解析】按经济效果评价结果的肯定程度不同，经济效果评价可分为确定性评价与不确定性评价，选项C错误。

4. 【答案】ACD
   【解析】对于经营性的方案，财务分析可通过编制财务分析报表，计算财务指标，分析项目的盈利能力、偿债能力和财务生存能力，判断财务可接受性，明确项目对财务主体及投资者的价值贡献，为项目决策提供依据。

5. 【答案】D
   【解析】计算期的长短主要取决于方案本身的特性，因此无法对方案计算期作出统一规定。计算期不宜定得太长，一方面是因为按照现金流量折现的方法把后期的净收益折为现值的数值相对较小，很难对财务分析结论产生有决定性的影响；另一方面由于经济效果评价采用的基础数据多是预测的数据，时间越长，预测的数据会越不准确，选项A错误。方案经济评价采用的计算期是指经济效果评价中为进行动态分析所设定的期限，包括建设期和运营期。运营期分为投产期和达产期两个阶段，选项B错误，选项D正确。由于折现评价指标受计算时间的影响，对需要比较的方案应取相同的计算期，选项C错误。

考点 2 方案的比选

1. 【答案】D
   【解析】投资收益率和财务净现值都是反映盈利能力的指标，投资收益率是静态评价指标，财务净现值是动态评价指标。

2. 【答案】B
   【解析】投资收益率属于静态盈利能力分析指标。流动比率和速动比率属于静态偿债能力分析。

3. 【答案】ABCE
   【解析】财务净现值、费用现值、净年值和费用年值是价值型指标；静态和动态投资回收期是时间型指标。

考点 3 投资回收期分析

1. 【答案】A
   【解析】选项A错误，选项B、C正确，投资回收期是指方案的净收益回收其投资所需要的时间，这里方案的投资是总投资，包括建设投资、建设期利息和流动资金。根据计算投资回收期时是否考虑资金时间价值可分为静态投资回收期和动态投资回收期，静态投资回收期不考虑时间因素对资金价值的影响。
   选项D正确，静态投资回收期宜从技术方案建设开始年算起，若从技术方案投产开始年算起，应予以特别注明。

2. 【答案】A
   【解析】选项A正确，选项B错误，静态投资回收期没有全面地考虑方案整个计算期内的现金流量，即只考虑投资回收之前的效果，不能反映投资回收之后的情况，故无法准确衡量方案在整个计算期内的经济效果，因此用于方案选择时只能作为辅助评价指标，或与其他评价指标结合应用。

选项C错误，若静态投资回收期小于基准投资回收期，则表明该方案可以接受。

选项D错误，静态投资回收期愈短，投资风险愈小，方案抗风险能力愈强。

3. 【答案】ADE

【解析】对于那些技术上更新迅速的方案，或资金相当短缺的方案，或未来的情况很难预测而投资者又特别关心资金补偿的方案，适宜采用静态投资回收期指标进行分析。

4. 【答案】D

项目	计算期/年					
	1	2	3	4	5	……
净现金流量/万元	−4800	1200	1500	1600	1600	……
累计净现金流量/万元	−4800	−3600	−2100	−500	1100	……

6. 【答案】A

【解析】静态投资回收期采用逐年向前折减，最后两年内插法计算，或采用公式计算。本题中，累计净现金流量第5年为−200万元，第6年为400万元，则静态投资回收期

= (6−1) + |−200|/600 = 5.33（年）。

7. 【答案】D

【解析】方法一：静态投资回收期 = (5−1) + |−300|/400 = 4.75（年）。现金流量表见下表。

计算期/年	0	1	2	3	4	5
净现金流量/万元	—	−1500	400	400	400	400
累计净现金流量/万元	—	−1500	−1100	−700	−300	100

方法二：各年净收益相同的静态投资回收期 = 总投资/净现金流 = 1500/400 = 3.75（年），由于此方法计算的是不含建设期利息的静态投资回收期，由表格可知此技术方案建设期为1年，所以静态投资回收期 = 3.75+1 = 4.75（年）。

8. 【答案】D

【解析】现金流量表中反映的是技术方案实施后各年的净收益均相同，则其静态投资回收期为 300/60 = 5（年）；动态投资回收期考虑了资金的时间价值，采用基准收益率将各年的净现金流量折现后得出的，因此要比静态投资回收期长，因此只有选项D符合题意。

【解析】当技术方案实施后各年的净收益相同时，静态投资回收期的计算公式为：$P_t = I/A$。式中，I——技术方案总投资；A——技术方案每年的净收益。$P_t = 3000/300 = 10$（年）。

5. 【答案】B

【解析】P_t = (累计净现金流量首次为正或零的年份−1) + (上一年累计净现金流量的绝对值/出现正值年份的净现金流量) = (5−1) + |−500|/1600 = 4.31（年）。现金流量表见下表。

【知识点拨】此题只需计算出静态投资回收期，然后选取比计算结果大的数值即可。

考点 4　财务净现值分析

1. 【答案】A

【解析】技术方案财务净现值 $FNPV$ 与基准收益率 i_c 之间呈单调递减关系。技术方案财务净现值会随着基准收益率的增大，由大变小。

2. 【答案】C

【解析】项目的盈利能力越强，财务净现值越大。偿债备付率是偿债能力分析指标。临界点是不确定性分析。项目的盈利能力越强，则动态投资回收期越短。

3. 【答案】A

【解析】FNPV<0，说明该技术方案不能满足基准收益率要求的盈利水平，即技术方案收益的现值不能抵偿支出的现值，该技术方案财务上不可行，但不一定是亏损。

4.【答案】D

【解析】前6年的财务净现值=190+30=220（万元）。

【知识点拨】注意"190万元"和"30万元"已经是折算到0时点的净现值了。

5.【答案】B

【解析】$FNPV=-1200+400\times[(1+15\%)^{15}-1]/[15\%\times(1+15\%)^{15}]=1139$（万元）。

6.【答案】A

【解析】因为收益是等额的，所以根据现值年金公式$A(P/A,i,n)$可计算出运营期的财务净现值$P=3000\times[(1+10\%)^4-1]/10\%\times(1+10\%)^4=9509.60$（万元），此时$P$为第1年末的现值，需折算到0时点，$9509.60(P/F,10\%,1)=8645$（万元），该投资方案的财务净现值为8645-8000=645（万元）。

【知识点拨】一定要注意，建设期为1年。此类题目最好画现金流量图。

7.【答案】D

【解析】净现值$=-500-500/(1+12\%)+200\times(P/A,12\%,18)\times(P/F,12\%,2)=-500-446.43+1449.94/(1+12\%)^2=209.45$（万元）。

现金流量表见下表。静态投资回收期$=(7-1)+|-200|/200=7$（年）。

计算期/年	0	1	2	3	4	5	6	7	8	…	20
净现金流量/万元	-500	-500	0	200	200	200	200	200	200	…	200
累计净现金流量/万元	-500	-1000	-1000	-800	-600	-400	-200	0	200	…	

考点 5 财务内部收益率分析

1.【答案】B

【解析】财务内部收益率是使方案在计算期内各年净现金流量的现值累计等于零时的折现率。

2.【答案】D

【解析】财务净现值随折现率的增大而减小，财务净现值函数曲线会穿越横轴，该曲线与横轴的交点就是财务内部收益率，即财务内部收益率是使方案在计算期内各年净现金流量的现值累计等于零时的折现率。当折现率是13%时，财务净现值是16万元，所以财务内部收益率是大于13%的。

3.【答案】BC

【解析】当FIRR>基准收益率时，基准收益率对应的$FNPV_1>0$，技术方案财务上可行；当FIRR=基准收益率时，基准收益率对应的$FNPV_2=0$，技术方案财务上可行；当FIRR<基准收益率时，基准收益率对应的$FNPV_3<0$，技术方案财务上不可行。基准收益率应不低于单位资金成本和单位投资的机会成本。

4.【答案】A

【解析】选项A正确，投资方案的净现值等于0时，所对应的折现率为内部收益率，所以投资方案的内部收益率为i_2。选项B错误，折现率i越大，投资方案的净现值越小。选项C错误，依据图示，基准收益率为i_1时，投资方案的净现值为NPV_1。选项D错误，基准收益率为i_3时，投资方案的净现值为$NPV_3<0$，投资方案财务上不可行。

5.【答案】C

【解析】本题中的FNPV由正变负，则FIRR必定在16%～18%之间，排除选项A、D。由于18%对应的FNPV绝对值小，所以FIRR要接近18%，选项C符合题意。或者用线性内插法计算，$FIRR\approx16\%+80/(80+40)\times(18\%-16\%)=17.33\%$。

6.【答案】C

【解析】财务内部收益率（FIRR）指标的优

点是考虑了资金的时间价值以及在整个计算期内的现金流量，其大小完全取决于方案投资过程净现金流量系列的情况，不受外部参数影响，选项 A 错误。FIRR 指标的缺点是财务内部收益率计算比较麻烦，对于非常规现金流量的方案来讲，在某些情况下财务内部收益率可能不存在或有多个解，选项 B 错误。财务内部收益率是使方案在计算期内各年净现金流量的现值累计等于零时的折现率，选项 C 正确。内部收益率的评价准则是 FIRR≥基准收益率时方案可行，选项 D 错误。

7. 【答案】BCDE

【解析】财务净现值随折现率的增大而减小。根据线性内插法，FIRR≈8%＋30/（30＋270）×（10%－8%）＝8.2%。当行业基准收益率为 8% 时，财务净现值为 30，大于 0，方案可行。当行业基准收益率为 10% 时，内部收益率小于行业基准收益率，方案不可行。

考点 6 多方案比选

1. 【答案】CDE

【解析】根据多方案之间的经济关系类型，一组备选方案之间一般存在着三种关系：独立关系、互斥关系和相关关系。

2. 【答案】ACD

【解析】选项 A 正确，在实际应用中，为方便起见，往往直接选取诸方案中最短的计算期作为各方案的共同计算期，所以研究期法也可称为最小计算期法。

选项 B 错误，研究期法是通过研究分析，直接选取一个适当的计算期作为各个方案共同的计算期，计算各方案在该计算期内的财务净现值，以财务净现值较大的为优。

选项 C 正确，最小公倍数法，又称方案重复法，是以备选方案计算期最小公倍数作为方案的共同计算期，假设各个方案均在这样一个共同计算期内重复进行，对各方案计算期内各年的净现金流量进行重复计算，直

至与共同的计算期相等，以财务净现值较大的方案为优。

选项 D 正确，满足时间可比条件，通常的处理方法包括年值法、最小公倍数法和研究期法等。

选项 E 错误，年值法是通过计算各备选方案净现金流量的等额年值（AW）并进行比较的方法，以 AW≥0，且 AW 最大者为最优方案。

第三章 不确定性分析

考点 1 盈亏平衡分析

1. 【答案】A

【解析】通常可变成本是随方案产品产量的增减而成正比例变化的成本，如原材料、燃料、动力费、包装费、计件工资、单位产品税金及附加（不包含增值税）等。

2. 【答案】C

【解析】固定成本是指在一定的产量范围内不受产品产量影响的成本，如固定工资及福利费（计件工资除外）、固定资产折旧费、修理费、无形资产及其他资产摊销费、长期借款利息支出等。

3. 【答案】BC

【解析】在进行线性盈亏平衡分析时，为了简化计算，一般假设方案应符合以下三个条件：

(1) 产量等于销售量，即当年生产的产品当年全部销售。

(2) 产量发生变化时，单位可变成本不变，即总成本费用是产量的线性函数。

(3) 产量发生变化时，产品售价不变，即销售收入是销售量（产量）的线性函数。

4. 【答案】A

【解析】根据 $P×Q=C_f+(C_u+T_u)×Q$，在盈亏平衡点年产量为 5 万台的前提下，可列式 $1000×5=C_f+(500+50)×5$，所以年固定成本 $C_f=(1000-500-50)×5=2250$（万元）。

5. 【答案】B

   【解析】达到设计生产能力时可获得的年利润 = （90－50－5）×100－800＝2700（万元）。

6. 【答案】D

   【解析】根据 $P=C_f/Q_d+C_u+T_u$，求该企业当年盈亏平衡点价格。即 $P=36/4+15=24$（元/件）。

7. 【答案】D

   【解析】达到设计生产能力时盈利 =（200－100－30）×7－300＝190（万元）。

8. 【答案】D

   【解析】盈亏平衡点的计算公式：BEP（Q）＝年固定总成本/（单位产品销售价格－单位产品可变成本－单位产品销售税金及附加），代入公式有：BEP（Q）＝400/（150－130－150×5%）＝32.00（万件）。

9. 【答案】D

   【解析】根据 $P=C_f/Q_d+C_u+T_u$，求该企业当年盈亏平衡点价格。即 $P=300/50+90+8=104$（元/件）。

10. 【答案】C

    【解析】设年利润为880万元时的产销量为 Q 万台，则 $920Q-(630+50)Q-1520=880$，$Q=10$ 万件；生产能力利用率＝10/15＝67%。

考点 2　敏感性分析

1. 【答案】A

   【解析】敏感性分析的目的是寻找敏感因素。通常判别敏感因素的方法有相对测定法和绝对测定法两种，其中相对测定法主要是通过敏感度系数确定，绝对测定法主要是通过临界点确定。

2. 【答案】A

   【解析】敏感性分析一般按以下步骤进行：
   （1）确定分析指标。
   （2）选取不确定因素。
   （3）计算不确定因素的变化对分析指标的影响。
   （4）确定敏感性因素。
   （5）对敏感性分析结果进行分析。

3. 【答案】BE

   【解析】$|S_{AF}|$ 越大，分析指标对于该不确定因素的敏感度越高。$S_{AF}=(\Delta A/A)/(\Delta F/F)$，$(\Delta F/F)$ 表示不确定性因素 F 的变化率；$(\Delta A/A)$ 表示不确定性因素 F 发生 ΔF 变化时，评价指标 A 的相应变化率。$S_{AF}>0$，表示评价指标与不确定因素同方向变化；$S_{AF}<0$，表示评价指标与不确定因素反方向变化。

4. 【答案】B

   【解析】敏感度系数表示技术方案经济效果评价指标对不确定因素的敏感程度。敏感度系数的绝对值越大，则说明此敏感因素越敏感。以因素变化10%为例，则敏感度系数分别为：
   （1）投资额 = ［（－5－115）/115］/10%＝－10.43。
   （2）产品价格 = ［（325－115）/115］/10%＝18.26。
   （3）经营成本 = ［（29－115）/115］/10%＝－7.48。
   因此敏感程度依次为：产品价格→投资额→经营成本。

5. 【答案】B

   【解析】理解敏感度系数和临界点的概念是解答本题的第一步，根据本题给出的条件：当产品价格下降幅度为5.91%、项目投资额降低幅度为25.67%、经营成本上升幅度为14.82%时，该项目净现值为0。说明临界点由大到小排序（不考虑正负）为：投资额→经营成本→产品价格。临界点越小的因素越敏感，所以敏感程度由大到小排序为：产品价格→经营成本→投资额。

6. 【答案】D

   【解析】临界点是指技术方案允许不确定因素向不利方向变化的极限值，超过极限，技术方案的经济效果指标将不可行。临界点越低，说明该因素对技术方案经济效果指标影响越大，技术方案对该因素就越敏感。所以敏感性从大到小的排序为：丙＞乙＞甲。

7. 【答案】A

【解析】计算各因素敏感度系数：

敏感度系数$_甲$＝[（120－200）/200]/10%
＝－4。

敏感度系数$_乙$＝[（160－200）/200]/10%
＝－2。

敏感度系数$_丙$＝[（250－200）/200]/10%
＝2.5。

敏感度系数$_丁$＝[（270－200）/200]/10%
＝3.5。

|敏感度系数$_甲$|最大，所以甲因素为最敏感因素。

8. 【答案】ABE

【解析】选项A正确，建设投资临界点最小，所以净现值对建设投资波动最敏感。

选项B正确，确定性分析计算的净现值为128，即初始投资方案的净现值为128。

选项C错误，经营成本临界点为8%，产品价格临界点为7%，净现值对经营成本变动的敏感性低于对产品价格变动的敏感性。

选项D错误，建设投资波动最大为5%，产品价格波动最大为7%，经营成本波动最大为8%。

选项E正确，产品价格临界点为7%，即按净现值判断，产品价格变动临界点比初始方案价格下降7%。

第四章　设备更新分析

考点 1　设备磨损与补偿

1. 【答案】C

【解析】设备无形磨损是指由于科学技术进步，相同结构设备的再生产价值下降或出现性能更完善、生产效率更高的新设备，使原有设备发生的贬值。选项A、B、D均属于造成设备有形磨损的原因。

2. 【答案】D

【解析】第Ⅱ类无形磨损是由于科学技术的进步，市场上出现了结构更先进、性能更完善、生产效率更高、耗费原材料和能源更少的新型设备，使原有设备在技术上显得陈旧落后，其经济效益相对降低而发生贬值。

3. 【答案】C

【解析】第Ⅱ类有形磨损是指设备在闲置过程中，因受自然力作用而导致的实体磨损。选项A、D属于第Ⅰ类有形磨损，选项B属于无形磨损。

4. 【答案】B

【解析】设备在闲置过程中受自然力的作用而产生的实体磨损，如金属件生锈、腐蚀、橡胶件老化等，称为第Ⅱ类有形磨损，这种磨损与闲置的时间长短和所处环境有关，与设备生产过程中的使用无关。

5. 【答案】A

【解析】设备在使用过程中，磨损的程度与使用强度和使用时间长短有关的属于第Ⅰ类有形磨损。设备在闲置过程中受自然力作用而产生的实体磨损属于第Ⅱ类有形磨损。无形磨损是技术进步的结果。

6. 【答案】ABD

【解析】设备发生磨损后，需要进行补偿，以恢复设备的生产能力。由于设备遭受磨损的形式不同，补偿磨损的方式也存在差异。补偿分为局部补偿和完全补偿。设备有形磨损的局部补偿是大修理，设备无形磨损的局部补偿是现代化改装。设备有形磨损和无形磨损的完全补偿是更新。

7. 【答案】BDE

【解析】无形磨损按形成原因分为第Ⅰ类无形磨损和第Ⅱ类无形磨损。

（1）由于科学技术进步的影响，设备制造工艺不断改进，劳动生产效率不断提高，使生产同样结构或性能的设备所需的社会必要劳动时间相应减少，设备制造成本和价格不断降低，致使原设备相对贬值。这类磨损称为第Ⅰ类无形磨损。

（2）由于科学技术的进步，市场上出现了结构更先进、性能更完善、生产效率更高、耗费原材料和能源更少的新型设备，使原有设备在技术上显得陈旧落后，其经济效益相对降低而发生贬值。这类磨损称为第Ⅱ类无形磨损。其后果不仅使原有设备价值降低，而且会使原有设备生产精度和能耗达不到新的标准和要求，致使其局部或全部失去使用价值。

选项A属于第Ⅰ类有形磨损，选项C属于第Ⅱ类有形磨损。

8.【答案】ABE

【解析】无形磨损（又称精神磨损、经济磨损）：设备无形磨损是指由于科学技术进步，相同结构设备的再生产价值下降或出现性能更完善、生产效率更高的新设备，使原有设备发生的贬值。

9.【答案】A

【解析】设备磨损分有形磨损和无形磨损，有形磨损又称物质磨损；无形磨损又称精神磨损或经济磨损。设备在使用过程中，因受到外力作用导致实体产生的磨损、变形或损坏，称为第Ⅰ类有形磨损；设备在闲置过程中，因受自然力作用而导致的实体磨损，如金属性零部件生锈、腐蚀、橡胶件老化等，称为第Ⅱ类有形磨损。设备有形磨损的局部补偿是大修理，设备无形磨损的局部补偿是现代化改装。设备有形和无形磨损的完全补偿是更新。

10.【答案】B

【解析】设备在使用过程中，因受到外力作用导致实体产生的磨损、变形或损坏，称为第Ⅰ类有形磨损。这类磨损的程度与设备使用强度和使用时间长短有关，也是引起设备有形磨损的主要原因。第Ⅱ类无形磨损是由于科学技术的进步，市场上出现了结构更先进、性能更完善、生产效率更高、耗费原材料和能源更少的新型设备，使原有设备在技术上显得陈旧落后，其经济效益相对降低而发生贬值。

11.【答案】D

【解析】有形磨损和无形磨损都会引起设备原始价值的贬值。不同的是，遭受有形磨损的设备，特别是有形磨损严重的设备，在修理之前，常常不能工作；而遭受无形磨损的设备，并不表现为设备实体的变化和损坏，即使无形磨损很严重，其固定资产物质形态可能没有磨损，仍然可以使用，但继续使用它在经济上是否合算，需要分析研究，选项D错误。

12.【答案】B

【解析】设备在闲置过程中，因受自然力作用而导致的实体磨损，如金属性零部件生锈、腐蚀、橡胶件老化等，称为第Ⅱ类有形磨损。

由于科学技术进步的影响，设备制造工艺不断改进，劳动生产效率不断提高，使生产同样结构或性能的设备所需的社会必要劳动时间相应减少，设备制造成本和价格不断降低，致使原设备相对贬值。这类磨损称为第Ⅰ类无形磨损。

考点 2　设备寿命的类型

1.【答案】D

【解析】设备的自然寿命，是指设备从全新状态下开始使用，直到因实体磨损严重而不能继续使用、报废为止所经历的全部时间，主要是由设备的有形磨损决定。该生产线的自然寿命＝6＋3＝9（年）。

2.【答案】B

【解析】选项A错误，选项B正确，设备的自然寿命，是指设备从全新状态下开始使用，直到因实体磨损严重而不能继续使用、报废为止所经历的全部时间，主要是由设备的有形磨损决定。

选项C、D错误，做好设备维修和保养可延长设备的自然寿命，但不能从根本上避免设备的有形磨损，任何设备磨损到一定程度时，都必须进行更新。因为随着设备使用时间的延长，设备不断变形式老化，维修所支出的费用逐渐增加，从而出现经济上不合理的使用阶段，因此，设备的自然寿命不能成为设备更新的主要决策依据。

3. 【答案】B

【解析】由于科学技术迅速发展，一方面，对产品质量和精度的要求越来越高；另一方面，也不断涌现出技术上更先进、性能更完善的设备，原有设备虽还能继续使用，但已不能保证产品的精度、质量和技术要求而被淘汰。因此，设备的技术寿命就是指设备从投入使用到因技术落后而被淘汰所持续的时间，选项B错误。技术寿命主要由设备的无形磨损决定，一般比自然寿命要短，而且科学技术进步越快，技术寿命越短。

4. 【答案】ACE

【解析】选项A正确，选项B错误，经济寿命是由设备维护费用的提高和使用价值的降低决定的。

选项C正确，选项D错误，经济寿命是指设备从全新状态投入使用开始，到继续使用在经济上不合理而被更新所经历的时间，即设备从投入使用开始，到年平均使用成本最低的使用年限。

选项E正确，经济寿命是从经济角度衡量设备最合理的使用年限，由有形磨损和无形磨损共同决定。

5. 【答案】D

【解析】选项A错误，选项D正确，技术寿命主要由设备的无形磨损决定，一般比自然寿命要短，而且科学技术进步越快，技术寿命越短。

选项B错误，经济寿命是由设备维护费用的提高和使用价值的降低决定。

选项C错误，做好设备维修和保养可延长设备的自然寿命，但不能从根本上避免设备的有形磨损，任何设备磨损到一定程度时，都必须进行更新。因为随着设备使用时间的延长，设备不断变形式老化，维修所支出的费用逐渐增加，从而出现经济上不合理的使用阶段，因此，设备的自然寿命不能成为设备更新的主要决策依据。

考点 3　设备经济寿命的估算

1. 【答案】B

【解析】经济寿命为平均年度资产消耗成本和平均年度运行成本之和（年平均使用成本）最小的年份。设备的相关数据见下表。

使用年限/年	1	2	3	4	5	6	7
平均年度资产消耗成本/万元	90	70	55	33	20	18	15
平均年度运行成本/万元	20	25	30	35	40	45	60
年平均使用成本/万元	110	95	85	68	60	63	75

2. 【答案】C

【解析】设备经济寿命是从开始使用到其年平均使用成本最小（或年盈利最高）的使用年限，即平均年度资产消耗成本和平均年度运行成本之和最小的年份。设备的相关数据见下表。

使用年限/年	1	2	3	4	5	6
平均年度资产消耗成本/万元	600	400	267	200	160	90
平均年度运行成本/万元	200	220	250	300	350	450
年平均使用成本/万元	800	620	517	500	510	540

3. 【答案】B

【解析】低劣化值法计算设备的经济寿命。

$$N_0 = \sqrt{\frac{2(P-L_N)}{\lambda}} = \sqrt{\frac{2\times(6000-1000)}{400}} = 5 \text{（年）}$$

式中，P——实际价值，L_N——预计残值，λ——年劣化值。

4. 【答案】C

【解析】平均年度资产消耗成本＝（$P-L_N$）/N＝（42－3）/13＝3.00（万元/年）

式中，P——设备目前实际价值，如果是新设备包括购置费和安装费，如果是旧设备包括旧设备现在的市场价值和继续使用旧设备追加的投资；L_N——第 N 年末的设备净残值。

考点 4　设备更新方案的比选原则

1. 【答案】D

【解析】沉没成本＝设备账面价值－当前市场价值＝50－20＝30（万元）。

2. 【答案】AB

【解析】设备更新方案的比选原则：
(1) 设备更新分析只考虑未来发生的现金流量。
(2) 设备更新分析应站在咨询者（第三方）的视角分析问题。
(3) 设备更新分析以费用年值法为主。

考点 5　设备租赁方式及优缺点

1. 【答案】B

【解析】设备租赁的方式主要有两种：经营租赁和融资租赁。
(1) 经营租赁是指在一定期限内，承租人支付租金而拥有设备使用权的行为。租赁时，出租人除向承租人提供租赁设备外，还要承担设备的维修保养，承租人不需要获得该设备的所有权，只是支付相应的租金来取得该设备的使用权。经营租赁的任何一方都可以随时以一定方式在通知对方的规定时间内取消或终止租赁。该类租赁具有可撤销性、短期性、租金高等特点，适用于技术进步快、用途较广泛、使用具有季节性的设备。
(2) 融资租赁是指双方明确租赁的期限和付费义务，出租人按照要求提供规定的设备，然后以租金形式回收设备的全部资金，出租人对设备的维修保养等不承担责任。融资租赁是以融通资金和对设备的长期使用为前提，租赁期相当于设备的寿命期，具有不可撤销性、周期长等特点，适用于大型设备、专有技术设备等。

2. 【答案】ACDE

【解析】对于承租人，与设备购置相比，设备租赁的优越性如下：
(1) 节省设备投资。在资金短缺的情况下，用较少的资金获得急需的生产设备，使企业在资金短缺情况下仍可以使用设备。
(2) 加快设备更新速度。科学技术快速发展，设备更新速度大大提高，租赁可以引进先进设备，减少企业因设备陈旧、技术落后而带来的风险。
(3) 提高设备的利用率，特别是针对一些季节性或临时性需要使用的设备，企业通过租赁进行使用，可以避免设备购置带来的闲置。
(4) 设备租金可在所得税前扣除，能享受税费上的利益。设备租赁费用作为企业费用，可以在所得税前扣除，能减少企业所得税的支出，给企业带来一定的利益。
(5) 可以保持资金的流动状态，不会使企业资产负债状况恶化。
(6) 可避免通货膨胀和利率波动的冲击，减少投资风险。

3. 【答案】D

【解析】设备租金可在所得税前扣除，能享受税费上的利益。设备租赁费用作为企业费用，可以在所得税前扣除，能减少企业所得税的支出，给企业带来一定的利益。

4. 【答案】A

【解析】对于承租人，与设备购置相比，设备租赁的不足之处如下：
(1) 在租赁期间承租人对设备只有使用权而没有所有权，因此不能随意对设备进行技术改造或处置，如不能用于担保、抵押贷款。
(2) 资金成本高。通常承租人所交的租金总额要高于直接购置设备的费用。长期支付租金，形成承租人的长期负债。
(3) 租赁合同规定严格，毁约要赔偿损失，罚款较多。

5. 【答案】ACE

【解析】对于承租人，与设备购置相比，设

备租赁的优越性如下：

（1）节省设备投资。在资金短缺的情况下，用较少的资金获得急需的生产设备，使企业在资金短缺情况下仍可以使用设备。

（2）加快设备更新速度。科学技术快速发展，设备更新速度大大提高，租赁可以引进先进设备，减少企业因设备陈旧、技术落后而带来的风险。

（3）提高设备的利用率，特别是针对一些季节性或临时性需要使用的设备，企业通过租赁进行使用，可以避免设备购置带来的闲置。

（4）设备租金可在所得税前扣除，能享受税费上的利益。设备租赁费用作为企业费用，可以在所得税前扣除，能减少企业所得税的支出，给企业带来一定的利益。

（5）可以保持资金的流动状态，不会使企业资产负债状况恶化。

（6）可避免通货膨胀和利率波动的冲击，减少投资风险。

对于承租人，与设备购置相比，设备租赁的不足之处如下：

（1）在租赁期间承租人对设备只有使用权而没有所有权，因此不能随意对设备进行技术改造或处置，如不能用于担保、抵押贷款。

（2）资金成本高。通常承租人所交的租金总额要高于直接购置设备的费用。长期支付租金，形成承租人的长期负债。

（3）租赁合同规定严格，毁约要赔偿损失，罚款较多。

考点 6 设备租赁费用

1. 【答案】AD
【解析】租金的计算主要有附加率法和年金法。

2. 【答案】ABC
【解析】租赁费用包括租赁保证金、租金和担保费。

3. 【答案】D
【解析】租赁费用＝租赁保证金＋租金＋担

保费，所以租赁费大于租金；承租人在租赁期间所交的租金总额一般比直接购置设备的费用要高。

4. 【答案】C
【解析】$R=P/N+P\times i+P\times r=64/6+64\times 6\%+64\times 3\% =16.43$（万元）。
式中，P——租赁资产的价格；N——租赁期数，取决于租赁资产预计使用寿命，租赁期可按月、季、半年、年计；i——与租赁期数相对应的利率；r——附加率。

5. 【答案】D
【解析】$R=P\times(1+N\times i)/N+P\times r$。
代入数据，$23.04=P\times(1+4\times 8\%)/4+P\times 3\%$，求得 $P=64$（万元）。

6. 【答案】B
【解析】设备租赁的经济分析是对设备租赁方案和设备购置方案进行经济比较与选择，也是从第三方视角进行的互斥方案比较优选。如果设备带来的收入相同，则只需要比较租赁费用和购置费用。当设备寿命相同时，一般可以采用净现值法；当设备寿命不同时，可以采用年值法。无论采用净现值法还是年值法，都以收益效果最大或成本较少的方案为优。

第五章 价值工程

考点 1 价值工程的含义

1. 【答案】A
【解析】价值工程的表达式：$V=F/C$。
式中，V——价值；F——对象的功能，即对象能满足某种需求的效用或属性；C——对象获得功能所发生的费用（成本），包括获得功能所有权/使用权的费用（成本）和保证功能发挥作用的费用（成本），即寿命周期成本。

2. 【答案】D
【解析】提高价值的途径中：牺牲型——功能略有下降，费用大幅度降低。即通过适当"牺牲"对象功能实现费用大幅度降低，从

参考答案与解析

而提高对象价值。

3.【答案】B

【解析】提高价值的途径中：节约型——功能不变，费用降低。即在保持对象功能不变的前提下，通过降低费用，达到提高价值的目的。

本题功能不变，总的成本降低，属于节约型途径。

考点 2 价值工程的特点

1.【答案】B

【解析】价值工程的出发点和目标是提高对象的价值，但价值工程是将价值、功能和成本作为一个整体同时考虑的管理思想和管理方法，在开展价值工程活动中，一系列工作是围绕消费者所需要的功能展开的，因而功能分析是价值工程的核心。

2.【答案】B

【解析】价值工程的"价值"是功能与费用（成本）的比较价值，体现的是功能与成本之间的协调关系，不是单纯地提高或增加功能，也不是为降低成本而节省费用，目标是提高对象的价值，这种价值提高的效果应为消费者和企业所共享（例如，实现消费者购买到物美价廉的商品、企业增加销售的效果）。

3.【答案】B

【解析】价值工程的"价值"是功能与费用（成本）的比较价值，体现的是功能与成本之间的协调关系，不是单纯地提高或增加功能，也不是为降低成本而节省费用，目标是提高对象的价值，选项B错误。

4.【答案】BCD

【解析】价值工程的特点如下：

（1）价值工程能有效实现对象技术和经济的结合。

（2）价值工程基于用户/顾客（消费者）视角解决问题。

（3）价值工程的目标是提高对象的价值。

（4）价值工程活动的核心是功能分析。

（5）价值工程强调技术方案创新。

（6）价值工程需要进行量化分析。

（7）价值工程是一种有组织的管理活动。

考点 3 价值工程实施步骤

1.【答案】BC

【解析】价值工程的工作程序（分析阶段）见下表。

阶段	步骤	工作说明
分析阶段	收集整理信息资料	由工作组负责收集整理与对象有关的信息资料
	功能分析	通过分析信息资料，用动词和名词的组合简明正确地表述各对象的功能，明确功能特性要求，并绘制功能系统图
	功能评价	确定功能的目标成本

2.【答案】B

【解析】价值工程分析阶段的工作步骤是：收集整理信息资料→功能分析→功能评价。

3.【答案】CD

【解析】价值工程的工作程序见下表。

阶段	步骤	工作说明
准备阶段	1. 对象选择	根据客观需要，选择价值工程的对象并明确目标、限制条件和分析范围
	2. 组成价值工程工作组	确定价值工程项目活动的参与者，组成具有内部分工和职责划分的团队
	3. 制订工作计划	工作组应制订具体的工作计划

续表

阶段	步骤	工作说明
分析阶段	4. 收集整理信息资料	由工作组负责收集整理与对象有关的信息资料
	5. 功能分析	通过分析信息资料，用动词和名词的组合简明正确地表述各对象的功能，明确功能特性要求，并绘制功能系统图
	6. 功能评价	确定功能的目标成本
创新阶段	7. 方案创新	针对应改进的具体目标提出新方案
	8. 方案评价	评价所提出的各种方案并从中选择最佳方案
	9. 提案编写	将选出的方案及有关的技术经济资料和预测的效益编写成正式的提案
实施阶段	10. 审批	对提案组织审查，并根据审查结果决定是否实施
	11. 实施与检查	制订实施计划，组织实施，记录实施过程的有关数据资料
	12. 成果鉴定	根据提案实施后的技术经济效果，进行成果鉴定

4.【答案】BCDE

【解析】价值工程工作阶段有准备阶段、分析阶段、创新阶段和实施阶段。

5.【答案】B

【解析】功能评价的工作说明是确定功能的目标成本。

6.【答案】ABDE

【解析】价值工程对象选择的方法有很多种，不同方法适用于不同的价值工程对象，常用的方法有：

(1) 因素分析法。

(2) ABC 分析法。

(3) 强制确定法。

(4) 百分比分析法。

(5) 价值指数法。

7.【答案】D

【解析】功能分析是价值工程活动的核心，是为完整描述各功能及其相互关系而对各功能进行定性和定量的系统分析过程。

8.【答案】C

【解析】基本功能是与对象的主要目的直接有关的功能，基本功能是对象存在的主要理由；辅助功能是为更好实现基本功能服务的功能。

9.【答案】B

【解析】对于价值系数 $V<1$ 的情形，企业应作为重点改进的区域，越低的越应优先改进，通过方案创新，寻找可能的替代方案，加以改进。同样，也可以根据成本改进期望值确定改进的功能区域，改进期望值越大的越应优先改进。

10.【答案】A

【解析】根据价值工程原理，若功能的价值系数 $V=1$，为功能和成本匹配理想的情况，表明为保证功能及功能水平值得的投入（评价值，初始目标成本）与功能目前成本投入一致。这种情形一般无须改进。

11.【答案】CD

【解析】如果价值系数 $V>1$，表明功能目前投入低于实现该功能合理的、理想的投入。对这种情况应具体分析，第一种情况是功能评价值估计过高，应重新进行功能评价；第二种情况是企业有特别的资源、技术优势或者管理手段实现了低投入，这种情况一般不需要调整对象的实施方案，但应保持其优势；第三种情况是可能有外部因素的影响。

12.【答案】D

【解析】根据价值工程原理，若功能的价值系数 $V=1$，为功能和成本匹配理想的情况，表明为保证功能及功能水平值得的投入（评价值，初始目标成本）与功能目前成本投入一致。这种情形一般无须改进。如果价值系数 $V<1$，表明功能目前成本大

于功能评价值（初始目标成本）。一种可能是存量过剩功能（例如，计划使用2年的临时建筑基础，按照50年使用寿命的标准进行了设计和建造，导致成本增加）；另一种可能是功能虽无过剩，但实现功能的条件或方法不佳，以致功能目前成本大于实现所需功能水平的理想成本。

如果价值系数$V>1$，表明功能目前投入低于实现该功能合理的、理想的投入。对这种情况应具体分析，第一种情况是功能评价值估计过高，应重新进行功能评价；第二种情况是企业有特别的资源、技术优势或者管理手段实现了低投入，这种情况一般不需要调整对象的实施方案，但应保持其优势；第三种情况是可能有外部因素的影响。

对于价值系数$V<1$的情形，企业应作为重点改进的区域，越低的越应优先改进，通过方案创新，寻找可能的替代方案，加以改进。同样，也可以根据成本改进期望值确定改进的功能区域，改进期望值越大的越应优先改进。

13. 【答案】C

【解析】根据价值公式：$V=F/C$，计算甲、乙、丙、丁的价值系数，分别为1.174、1.238、1、0.958。若功能的价值系数$V=1$，为功能和成本匹配理想的情况，表明为保证功能及功能水平值得的投入（评价值，初始目标成本）与功能目前成本投入一致。这种情形一般无须改进。所以选择方案丙。

14. 【答案】A

【解析】对于价值系数$V<1$的情形，企业应作为重点改进的区域，越低的越应优先改进，通过方案创新，寻找可能的替代方案，加以改进。

15. 【答案】C

【解析】对于价值系数$V<1$的情形，企业应作为重点改进的区域，越低的越应优先改进，通过方案创新，寻找可能的替代方案，加以改进。同样，也可以根据成本改进期望值确定改进的功能区域，改进期望值越大的越应优先改进。

第二篇 工程财务

第六章 财务会计基础

考点 1 会计要素的组成

1. 【答案】ACE

   【解析】流动资产是指可以在一年内或超过一年的一个营业周期（指从购买用于加工的原材料等资产到其收回现金或现金等价物的时间段）内变现、耗用的资产，主要为交易目的而持有。包括货币资金、交易性金融资产、衍生金融资产、应收票据、应收账款、应收款项融资、预付款项、其他应收款、存货、合同资产、持有待售资产、一年内到期的非流动资产、其他流动资产。选项A属于所有者权益，选项C、E属于流动负债。

2. 【答案】A

   【解析】负债是指企业过去的交易或者事项形成的、预期会导致经济利益流出企业的现时义务。

   现时义务是指企业在现行条件下已承担的义务。未来发生的交易或者事项形成的义务，不属于现时义务，不应当确认为负债。

3. 【答案】ABCD

   【解析】所有者权益项目应当列入资产负债表，其金额取决于资产和负债的计量。所有者权益的构成包括：实收资本（或股本）；其他权益工具；资本公积；其他综合收益；专项储备；盈余公积；未分配利润。选项E属于资产。

4. 【答案】B

   【解析】费用是指企业在日常活动中发生的、会导致所有者权益减少的、与向所有者分配利润无关的经济利益的总流出。

5. 【答案】AE

   【解析】流动资产是指可以在一年内或超过一年的一个营业周期（指从购买用于加工的原材料等资产到其收回现金或现金等价物的时间段）内变现、耗用的资产，主要为交易目的而持有。包括货币资金、交易性金融资产、衍生金融资产、应收票据、应收账款、应收款项融资、预付款项、其他应收款、存货、合同资产、持有待售资产、一年内到期的非流动资产、其他流动资产。

6. 【答案】CE

   【解析】流动负债是指在一年内或超过一年的一个营业周期内偿还的债务。包括短期借款、交易性金融负债、衍生金融负债、应付票据、应付账款、预收款项、合同负债、应付职工薪酬、应交税费、其他应付款、持有待售负债、一年内到期的非流动负债、其他流动负债。

考点 2 会计要素的计量属性

1. 【答案】A

   【解析】在历史成本计量下，资产按照购置时支付的现金或者现金等价物的金额，或者按照购置资产时所付出的对价的公允价值计量。负债按照因承担现时义务而实际收到的款项或者资产的金额，或者承担现时义务的合同金额，或者按照日常活动中为偿还负债预期需要支付的现金或者现金等价物的金额计量。故历史成本即购置时的成本20万元。

2. 【答案】A

   【解析】在重置成本计量下，资产按照现在购买相同或者相似资产所需支付的现金或现金等价物的金额计量。负债按照现在偿付该项债务所需支付的现金或者现金等价物的金额计量。

3. 【答案】AB

   【解析】会计要素的计量属性包括：历史成本；重置成本；可变现净值；现值；公允价值。

4. 【答案】B

【解析】在可变现净值计量下,资产按照其正常对外销售所能收到现金或者现金等价物的金额扣减该资产至完工时估计将要发生的成本、估计的销售费用以及相关税费后的金额计量。该设备可变现净值＝25－1＝24(万元)。

5.【答案】D

【解析】在重置成本计量下,资产按照现在购买相同或者相似资产所需支付的现金或者现金等价物的金额计量。所以,该设备的重置成本为160万元。

考点 3 财务会计工作基本内容

1.【答案】D

【解析】会计核算和监督是会计的基本职能。

2.【答案】BCDE

【解析】会计关键环节包括确认、计量、记录和报告。

考点 4 会计假设

1.【答案】A

【解析】会计主体又称会计实体,是会计工作服务的特定单位或组织,是会计记录和报告的特定单位和组织。《企业会计准则》规定,企业应当对其本身发生的交易或者事项进行会计确认、计量和报告。会计主体假设界定了会计工作的空间范围和立场。

2.【答案】ABCD

【解析】会计基本假设包括会计主体、持续经营、会计分期和货币计量。

考点 5 会计基础

1.【答案】C

【解析】权责发生制是指会计主体对各项收入、支出和费用的认定以其应当归属的时间作为标准。故权责发生制也称应收应付制。权责发生制基础下,会计主体某一会计期间的收入、支出和费用以当期收入是否已经实现,支出和费用是否已经发生为标准,而不是以款项的实际收付时间作为基础。某一会计期间内,凡当期实际发生并应

收入、支出和费用,无论其款项是否收到或付出,均应作为当期的收入和费用处理;凡不应属于当期的收入和费用,即使款项已经收到或支付,亦不应作为当期的收入、支出和费用处理。

2.【答案】B

【解析】收付实现制是指会计主体对各项收入、支出和费用的认定是以款项(包括现金和银行存款)的实际收付时间作为标准。故收付实现制也称实收实付制。

收付实现制基础下,会计主体某一会计期间的收入、支出和费用以是否在当期实际收到或付出为标准确定。某一会计期间内实际收到的收入和支付的费用,无论其是否应归属当期,均应作为当期的收入和费用处理;凡当期未曾收到的收入和未曾支付的费用,即使应归属当期,也不应作为当期的收入和费用处理。

3.【答案】BE

【解析】权责发生制基础下,会计主体某一会计期间的收入、支出和费用以当期收入是否已经实现,支出和费用是否已经发生为标准,而不是以款项的实际收付时间作为基础。某一会计期间内,凡当期实际发生并应归属当期的收入和费用,无论其款项是否收到或付出,均应作为当期的收入和费用处理;凡不应属于当期的收入和费用,即使款项已经收到或支付,亦不应作为当期的收入、支出和费用处理。

4.【答案】D

【解析】权责发生制基础下,会计主体某一会计期间的收入、支出和费用以当期收入是否已经实现,支出和费用是否已经发生为标准,而不是以款项的实际收付时间作为基础。某一会计期间内,凡当期实际发生并应归属当期的收入和费用,无论其款项是否收到或付出,均应作为当期的收入和费用处理;凡不应属于当期的收入和费用,即使款项已经收到或支付,亦不应作为当期的收入、支出和费用处理。所以3月份该公司

的利润表中结算的收入金额只有本月销售收入 20000 元。

考点 6　会计核算过程与会计等式

1. 【答案】C
   【解析】实质重于形式原则：企业应当按照交易或者事项的经济实质进行会计确认、计量和报告，不应仅以交易或者事项的法律形式为依据。例如：企业以融资租赁方式租入固定资产，在法律形式上企业并不拥有其所有权，但在实质上企业能够控制融资租入固定资产所创造的未来经济利益，因此应当将以融资租赁方式租入的固定资产视为承租企业的资产进行管理和会计处理。《中华人民共和国企业所得税法实施条例》规定，企业计算应纳税所得额扣除项时，以融资租赁方式租入固定资产发生的租赁费支出，按照规定构成融资租入固定资产价值的部分应当提取折旧费用，分期扣除。

2. 【答案】ABC
   【解析】企业会计要素中，资产、负债和所有者权益是反映企业某一时点财务状况的会计要素，编制财务报表时列入资产负债表。同一时点三者数量（金额）存在如下恒等关系：资产＝负债＋所有者权益。

3. 【答案】A
   【解析】企业会计要素中，收入、费用和利润是反映某一时期经营成果的会计要素，编制财务报表时，列入利润表。同一时期三者数量（金额）存在如下恒等关系：利润＝收入－费用。
   上式反映企业经营成果各会计要素的关系，称为动态会计等式。动态会计等式描述的是一定时期企业经营活动及其结果的动态关系，也称第二会计等式。

4. 【答案】C
   【解析】企业会计要素中，资产、负债和所有者权益是反映企业某一时点财务状况的会计要素，编制财务报表时列入资产负债表。同一时点三者数量（金额）存在如下恒等关

系：资产＝负债＋所有者权益。
   上式描述了反映企业财务状况各会计要素的关系，称为静态会计等式。静态会计等式是最基本的会计等式，也称第一会计等式。

考点 7　会计监督

【答案】B
【解析】会计监督可分为企业内部监督、政府监督和社会监督。

第七章　费用与成本

考点 1　企业支出的分类

1. 【答案】AB
   【解析】资本性支出是指通过它所取得的财产或劳务的效益，可以及于多个会计期间所发生的支出。如企业购置和建造固定资产、无形资产支出及发生的长期待摊费用支出等，资本性支出既有用于建造厂房、购买机械设备、修建道路等生产用设施的支出，也有用于建造办公楼、购买小汽车等非生产用设施的支出。选项 C、D、E 属于收益性支出。

2. 【答案】C
   【解析】收益性支出是指通过它所取得的财产或劳务的效益，仅及于一个会计期间的支出。如企业外购材料、支付劳动报酬支出，以及管理费用、销售费用（营业费用）、财务费用支出等；另外，生产经营过程中缴纳税金、有关费用（消费税、城市维护建设税、资源税、教育费附加及房产税、土地使用税、车船使用税、印花税等）的支出也包括在收益性支出之内，它是企业得以存在并持续经营的必要的社会性支出。

3. 【答案】D
   【解析】利润分配支出是指在利润分配环节发生的支出，如股利分配支出等。

4. 【答案】A
   【解析】营业外支出是指不属于资本性支出和生产经营支出，与企业生产经营活动没有

直接的关系，但应从会计主体实现的利润总额中扣除的支出，主要包括公益性捐赠支出、非常损失、盘亏损失、非流动资产毁损报废损失等。其中，"非流动资产毁损报废损失"通常包括因自然灾害发生毁损、已丧失使用功能等原因而报废清理产生的损失。故甲公司本年度的营业外支出即设备损坏、停工损失和善后清理费用35万元。

5. 【答案】ACDE

【解析】企业支出有不同的分类方法，从支出的属性和日常会计核算的角度划分，企业支出可分为资本性支出、收益性支出、利润分配支出和营业外支出。此外还有企业对外投资支出、缴纳所得税费用支出。

考点 2 费用计量

1. 【答案】CD

【解析】年限平均法和工作量法是平均折旧法。双倍余额递减法和年数总和法计算的年折旧额逐年递减，是快速折旧法（也称加速折旧法）。

2. 【答案】AC

【解析】存货成本包括采购成本、加工成本和其他成本。
(1) 存货的采购成本，包括购买价款、相关税费、运输费、装卸费、保险费以及其他可归属于存货采购成本的费用。
(2) 存货的加工成本，包括直接人工以及按照一定方法分配的制造费用。
(3) 存货的其他成本，是指除采购成本、加工成本以外的，使存货达到目前场所和状态所发生的其他支出。

3. 【答案】BCE

【解析】年数总和法是将固定资产的应计折旧额（固定资产原价－预计净残值－已计提的固定资产减值准备累计金额）乘以一个逐年递减的折旧率计算固定资产每年应计折旧的方法。年数总和法计算固定资产每期折旧额的基数不变（固定资产应计折旧额），而固定资产年折旧率逐年减小，年数总和法

计算的年折旧额逐年减少，是快速折旧法（也称加速折旧法）。

4. 【答案】A

【解析】应计折旧额，是指应当计提折旧的固定资产的原价扣除其预计净残值后的金额。固定资产年折旧额＝固定资产应计折旧额/固定资产预计使用年限。2023年当年应计提的折旧＝（80－5）/10＝7.5（万元）。

5. 【答案】C

【解析】单位工作量折旧额＝应计折旧额/预计总工作量＝（1000－50）/（250×20）＝0.19（万元）。

6. 【答案】D

【解析】每工作台班折旧额＝应计折旧额/总工作台班＝2400000×（1－5％）/（10×500）＝456（元）。

考点 3 施工成本构成

1. 【答案】BE

【解析】直接材料费，是指在施工过程中所耗用的、构成工程实体的材料、结构件、机械配件和有助于工程形成的其他材料费用以及周转材料的租赁费和摊销等。

2. 【答案】D

【解析】间接费用主要是施工企业内部为施工项目服务的非独立核算的维修、加工等单位的费用以及负责施工项目管理的工区、项目经理部等管理活动发生的费用，包括施工企业下属施工单位或生产单位为组织和管理工程施工所发生的临时设施摊销费用，管理人员工资、奖金、职工福利费，固定资产折旧费及修理费，物料消耗，低值易耗品摊销，取暖费，水电费，办公费，差旅费，财产保险费，检验试验费，工程保修费，劳动保护费及其他费用。这些费用可能涉及多个成本核算对象且不能或不便直接归属于某一成本核算对象时，先通过间接费用进行核算，再分配计入成本核算对象。从项目的视角，项目的间接费用是核算承包基数范围内的，现场项目经理部为组织和管理生产发生

的各种费用以及支付外包工的管理费。

3. 【答案】C

【解析】成本是对象化了的费用,这部分费用通常也称为生产费用。按生产费用计入成本核算对象的过程和方法区分,成本分为直接成本和间接成本。建筑企业一般设置直接人工、直接材料、机械使用费、其他直接费用和间接费用等成本项目。建筑企业将部分工程分包的,还可以设置分包成本项目。

则该工程实际成本 = 50 + 80 + 8.4 = 138.4(万元)。

4. 【答案】C

【解析】间接费用主要是施工企业内部为施工项目服务的非独立核算的维修、加工等单位的费用以及负责施工项目管理的工区、项目经理部等管理活动发生的费用,包括施工企业下属施工单位或生产单位为组织和管理工程施工所发生的临时设施摊销费用,管理人员工资、奖金、职工福利费,固定资产折旧费及修理费,物料消耗,低值易耗品摊销,取暖费、水电费、办公费、差旅费,财产保险费,检验试验费,工程保修费,劳动保护费及其他费用。这些费用可能涉及多个成本核算对象且不能或不便直接归属于某一成本核算对象时,先通过间接费用进行核算,再分配计入成本核算对象。

因此,该企业发生的间接费用之和 = 5000 + 2000 + 3000 = 10000(元)。

5. 【答案】A

【解析】成本是对象化了的费用,这部分费用通常也称为生产费用。按生产费用计入成本核算对象的过程和方法区分,成本分为直接成本和间接成本。建筑企业一般设置直接人工、直接材料、机械使用费、其他直接费用和间接费用等成本项目。建筑企业将部分工程分包的,还可以设置分包成本项目。

该工程成本 = 24 + 480 + 26 + 20 = 550(万元)。

考点 4 期间费用构成

1. 【答案】B

【解析】检验试验费是指施工企业按照有关标准规定,对建筑以及材料、构件和建筑安装物进行一般鉴定、检查所发生的费用,包括自设试验室进行试验所耗用的材料等费用。不包括新结构、新材料的试验费,对构件做破坏性试验及其他特殊要求检验试验的费用和建设单位委托检测机构进行检测的费用,对此类检测发生的费用,由建设单位在工程建设其他费用中列支。但对施工企业提供的具有合格证明的材料进行检测不合格的,该检测费用由施工企业支付。

检验试验费属于管理费用。

2. 【答案】ABD

【解析】期间费用是指企业日常活动发生的不能计入特定核算对象的费用,发生时计入有关会计科目,会计期末结转当期损益。通常分为销售费用、管理费用和财务费用。

3. 【答案】CDE

【解析】期间费用是指企业日常活动发生的不能计入特定核算对象的费用,发生时计入有关会计科目,会计期末结转当期损益。通常分为销售费用、管理费用和财务费用。选项A属于直接材料费,是直接费用。选项B属于间接费用。选项C属于管理费用中的管理人员工资,选项D属于管理费用中的财产保险费,选项E属于管理费费用中的固定资产使用费。

4. 【答案】D

【解析】期间费用包含管理费用。管理费用包含工具用具使用费、办公费、其他费等。业务招待费和广告费属于其他费。行政管理部门发生的水电费属于办公费。管理部门交通工具检修费属于工具用具使用费。

本题中,期间费用 = 2.5 + 12.5 + 2 + 10 = 27(万元)。

5. 【答案】C

【解析】财务费用，指企业为筹集生产经营所需资金等而发生的费用，包括利息支出（减利息收入）、汇兑损失（减汇兑收益）以及相关的手续费、企业发生的现金折扣（减收到的现金折扣）、重大融资成分的摊销等。为购建资产发生的利息支出，符合资本化条件的，应计入有关资产的价值。

6. 【答案】D

【解析】财务费用，指企业为筹集生产经营所需资金等而发生的费用，包括利息支出（减利息收入）、汇兑损失（减汇兑收益）以及相关的手续费、企业发生的现金折扣（减收到的现金折扣）、重大融资成分的摊销等。为购建资产发生的利息支出，符合资本化条件的，应计入有关资产的价值。

7. 【答案】AD

【解析】销售费用，指企业对外销售商品和提供劳务等过程中发生的各项费用，以及专设销售机构的各项经费。包括销售产品发生的包装费、运输费、运输保险费、广告费、装卸费、委托代销手续费、展览费、销售部人员工资、销售部职工福利费、差旅费、折旧修理费等。施工企业工程施工采用承包方式，销售和管理活动交错进行，密不可分，可以不进行单独的销售费用核算，纳入管理费用核算；施工企业同时兼营其他业务时，可以单独设置销售费用。

8. 【答案】C

【解析】财务费用，指企业为筹集生产经营所需资金等而发生的费用，包括利息支出（减利息收入）、汇兑损失（减汇兑收益）以及相关的手续费、企业发生的现金折扣（减收到的现金折扣）、重大融资成分的摊销等。为购建资产发生的利息支出，符合资本化条件的，应计入有关资产的价值。

所以财务费用＝20＋10＋2＝32（万元）。

第八章 收入

考点 1 收入的概念及特点

1. 【答案】A

【解析】收入，是指企业在日常活动中形成的、会导致所有者权益增加的、与所有者投入资本无关的经济利益的总流入。狭义上的收入，即营业收入，是指在销售商品、提供劳务及让渡资产使用权等日常活动中形成的经济利益的总流入，包括主营业务收入和其他业务收入。

2. 【答案】ABCD

【解析】广义上的收入，包括营业收入、投资收益、补贴收入和营业外收入。与日常活动相对应，企业还会发生一些偶然的事项，导致经济利益的流入，如出售固定资产、接受捐赠等。由这种偶然发生的非正常活动产生的收入则不能作为企业的收入。

3. 【答案】ABD

【解析】狭义上的收入，即营业收入，是指在销售商品、提供劳务及让渡资产使用权等日常活动中形成的经济利益的总流入，包括主营业务收入和其他业务收入，不包括为第三方或客户代收的款项。广义上的收入，包括营业收入、投资收益、补贴收入和营业外收入。导致经济利益的流入，如出售固定资产、接受捐赠等不属于企业的营业收入。

4. 【答案】BCD

【解析】收入只包括本企业经济利益的流入，不包括第三方或客户代收的款项。

5. 【答案】AB

【解析】收入有以下几方面的特点：
(1) 收入从企业的日常活动中产生，而不是从偶发的交易或事项中产生。
(2) 收入可能表现为企业资产的增加，也可能表现为企业负债的减少，或二者兼而有之。
(3) 收入能导致企业所有者权益的增加，收入是与所有者投入资本无关的经济利益的总流入，这里的流入是总流入，而不是净流入。

(4)收入只包括本企业经济利益的流入，不包括为第三方或客户代收的款项。

6.【答案】AD

【解析】收入通常表现为资产的增加，如在销售商品或提供劳务并取得收入的同时，银行存款增加（选项B符合题意）；有时也表现为负债的减少，如预收款项的销售业务，在提供了商品或劳务并取得收入的同时，预收账款将得以抵偿（选项E符合题意）。有时这种预收款业务在预收款得以抵偿后，仍有银行存款的增加，此时即表现为负债的减少和资产的增加兼而有之。应收账款属于资产，所以选项C符合题意。选项A不符合题意，因为收入是指企业在日常活动中形成的、会导致所有者权益增加的、与所有者投入资本无关的经济利益的总流入，所以导致所有者权益减少的不是收入。选项D不符合题意，库存现金是企业的流动资产，取得收入会使库存现金增加。

7.【答案】AB

【解析】收入从企业的日常活动中产生，而不是从偶发的交易或事项中产生。日常活动是指企业为了完成所有的经济目标而从事的一切活动，这些活动具有经常性、重复性和可预见性的特点，如安装公司提供安装服务、建筑企业提供建造服务等。因此选项A、B属于企业收入。

与日常活动相对应，企业还会发生一些偶然的事项，导致经济利益的流入，如出售固定资产、接受捐赠等。由这种偶然发生的非正常活动产生的收入则不能作为企业的收入。企业为第三方或客户代收的款项不属于本企业的收入。

8.【答案】D

【解析】收入能导致企业所有者权益的增加，收入是与所有者投入无关的经济利益的总流入，这里的流入是总流入，而不是净流入。根据"资产=负债+所有者权益"的会计恒等式，收入无论表现为资产的增加还是负债的减少，最终必然导致所有者权益增加。不

符合这一特征的经济利益流入，也不是企业的收入。

考点 2　收入的分类

1.【答案】ABCD

【解析】按收入的性质分类，企业的收入分为建造合同收入、销售商品收入、提供劳务收入和让渡资产使用权收入。选项E，按照企业营业的主次分类，收入可分为主营业务收入和其他业务收入。

2.【答案】C

【解析】建造合同收入是指企业通过签订建造合同并按合同要求为客户设计和建造房屋、道路、桥梁、水坝等建筑物以及船舶、飞机、大型机械设备等而取得的收入。其中，建筑业企业为设计和建造房屋、道路等建筑物签订的合同也称施工合同，按合同要求取得的收入称为施工合同收入。

3.【答案】ABCD

【解析】提供劳务收入是指企业通过提供劳务作业而取得的收入。建筑业企业提供劳务一般均为非主营业务，主要包括机械作业、运输服务、设计业务、产品安装、餐饮住宿等。提供劳务的种类不同，完成劳务的时间也不同，有的劳务一次就能完成，且一般为现金交易，如餐饮住宿、运输服务等；有的劳务需要较长一段时间才能完成，如产品安装、设计业务、机械作业等。提供劳务的种类和完成劳务的时间不同，企业确认劳务收入的方法也不同，一般应分别按不跨年度和跨年度情况进行确认和计量。

4.【答案】A

【解析】让渡资产使用权收入是指企业通过让渡资产使用权而取得的收入，如金融企业发放贷款取得的收入、企业让渡无形资产使用权取得的收入等。甲公司让渡资产使用权取得的收入＝20＋2＝22（万元）。

5.【答案】BCDE

【解析】其他业务收入也称附营业务收入，是指企业非经常性的、兼营的业务所产生的

收入，如销售原材料、转让技术、代购代销、出租包装物等取得的收入等。建筑业企业的其他业务收入主要包括产品销售收入、材料销售收入、机械作业收入、无形资产出租收入、固定资产出租收入等。

6. 【答案】D

【解析】营业收入＝主营业务收入＋其他业务收入＝3800＋600＋100＋400＋700＝5600（万元）。营业收入不包括代收业务收入。

7. 【答案】A

【解析】按企业营业的主次分类，企业的收入可以分为主营业务收入和其他业务收入两部分。主营业务收入和其他业务收入内容的划分是相对而言，不是固定不变的。主营业务收入也称基本业务收入，是指企业从事主要营业活动所取得的收入，可以根据企业营业执照上注明的主营业务范围来确定。主营业务收入一般占企业收入的比重较大，对企业的经济效益产生较大的影响。建筑业企业的主营业务收入主要是建造合同收入。其他业务收入也称附营业务收入，是指企业非经常性的、兼营的业务所产生的收入，如销售原材料、转让技术、代购代销、出租包装物等取得的收入。建筑业企业的其他业务收入主要包括产品销售收入、材料销售收入、机械作业收入、无形资产出租收入、固定资产出租收入等。

8. 【答案】ACD

【解析】选项A正确，主营业务收入也称基本业务收入，是指企业从事主要营业活动所取得的收入，可以根据企业营业执照上注明的主营业务范围来确定。建筑业企业的主营业务收入主要是建造合同收入。

选项B错误，建筑业企业的其他业务收入主要包括产品销售收入、材料销售收入、机械作业收入、无形资产出租收入、固定资产出租收入等。乙企业的其他业务收入＝2000＋1200＝3200（万元）。

选项C正确，按企业营业的主次分类，企业的收入可以分为主营业务收入和其他业务收入两部分。乙企业的收入＝9000＋3200＝12200（万元）。

选项D正确，选项E错误，主营业务收入一般占企业收入的比重较大，对企业的经济效益产生较大的影响。

考点 3 收入的确认和计量

1. 【答案】BCD

【解析】当企业与客户之间的合同同时满足下列条件时，企业应当在客户取得相关商品控制权时确认收入：

（1）合同各方已批准该合同并承诺将履行各自义务。

（2）该合同明确了合同各方与所转让商品或提供劳务（以下简称"转让商品"）相关的权利和义务。

（3）该合同有明确的与所转让商品相关的支付条款。

（4）该合同具有商业实质，即履行该合同将改变企业未来现金流量的风险、时间分布或金额。

（5）企业因向客户转让商品而有权取得的对价很可能收回。

2. 【答案】A

【解析】企业确认收入的合同未能同时满足相关规定，企业只有在不再负有向客户转让商品的剩余义务，且已向客户收取的对价无需退回时，才能将已收取的对价确认为收入；否则，应当将已收取的对价作为负债进行会计处理。没有商业实质的非货币性资产交换，不确认为收入。

3. 【答案】ABCD

【解析】企业与同一客户（或该客户的关联方）同时订立或在相近时间内先后订立的两份或多份合同，在满足下列条件之一时，应当合并为一份合同进行会计处理：

（1）该两份或多份合同基于同一商业目的而订立并构成一揽子交易。

（2）该两份或多份合同中的一份合同的对价金额取决于其他合同的定价或履行情况。

(3) 该两份或多份合同中所承诺的商品（或每份合同中所承诺的部分商品）构成准则规定的单项履约义务。

4.【答案】A

【解析】合同变更增加了可明确区分的商品及合同价款，且新增合同价款反映了新增商品单独售价的，应当将该合同变更部分作为一份单独的合同进行会计处理。

5.【答案】D

【解析】合同变更不属于"合同变更增加了可明确区分的商品及合同价款，且新增合同价款反映了新增商品单独售价的"的情形，且在合同变更日已转让的商品或已提供的服务与未转让的商品或未提供的服务之间可明确区分的，应当视为原合同终止，同时，将原合同未履约部分与合同变更部分合并为新合同进行会计处理。

6.【答案】B

【解析】合同变更不属于"合同变更增加了可明确区分的商品及合同价款，且新增合同价款反映了新增商品单独售价的"的情形，且在合同变更日已转让的商品与未转让的商品之间不可明确区分的，应当将该合同变更部分作为原合同的组成部分进行会计处理，由此产生的对已确认收入的影响，应当在合同变更日调整当期收入。

7.【答案】A

【解析】当履约进度不能合理确定时，企业已经发生的成本预计能够得到补偿的，应当按照已经发生的成本金额确认收入，直到履约进度能够合理确定为止。

考点 4　建造合同收入

1.【答案】ADE

【解析】一项包括数项资产的建造合同，同时满足下列条件的，每项资产应当分立为单项合同：

(1) 每项资产均有独立的建造计划。

(2) 与客户就每项资产单独进行谈判，双方能够接受或拒绝与每项资产有关的合同条款。

(3) 每项资产的收入和成本可以单独辨认。如果不同时具备上述三个条件，则不能将建造合同进行分立，而应将其作为一项合同进行会计处理。

2.【答案】B

【解析】建造合同收入包括两部分内容：合同规定的初始收入和合同变更、索赔、奖励等形成的收入。

3.【答案】ACD

【解析】第 1 年确认的收入 $=8000\times20\%=1600$（万元）；第 2 年确认的收入 $=8000\times45\%=3600$（万元）（选项 B 错误）；第 3 年确定的收入 $=8000-1600-3600=2800$（万元）。第 3 年完工交付使用，所以合同完工进度为 100%。选项 E 错误，第 2 年合同完工进度为 65%。

4.【答案】C

【解析】资产负债表日建造合同收入的确认，即当期确认的合同收入＝合同总收入×完工进度－以前会计期间累计已确认的收入。故 2020 年应确认的合同收入 $=60000\times90\%-33000=21000$（万元）。

5.【答案】CDE

【解析】第 1 年确定的收入 $=8000\times40\%=3200$（万元）；第 2 年确定的收入 $=8000\times75\%-3200=2800$（万元）；第 3 年确定的收入 $=8000-3200-2800=2000$（万元）。3 年累计确认的合同收入为 $3200+2800+2000=8000$（万元）。

6.【答案】C

【解析】当期确认的合同收入＝合同总收入×完工进度－以前会计期间累计已确认的收入。所以本题当期应确认的合同收入 $=20000\times65\%-10000=3000$（万元）。

7.【答案】C

【解析】当建筑业企业不能可靠地估计建造合同的结果时，就不能采用完工百分比法来确认和计量当期的合同收入，应区别以下两种情况进行处理：

(1) 合同成本能够回收的，合同收入根据能够收回的实际合同成本来确认，合同成本在其发生的当期确认为费用。

(2) 合同成本不能回收的，应在发生时立即确认为费用，不确认收入。

8. 【答案】C

【解析】当建筑业企业不能可靠地估计建造合同的结果时，就不能采用完工百分比法来确认和计量当期的合同收入，应区别以下两种情况进行处理：

(1) 合同成本能够回收的，合同收入根据能够收回的实际合同成本来确认，合同成本在其发生的当期确认为费用。

(2) 合同成本不能回收的，应在发生时立即确认为费用，不确认收入。

因此，甲公司应确认合同收入800万元，确认费用1000万元。

第九章 利润与所得税费用

考点 1 利润的计算

1. 【答案】C

【解析】营业利润＝营业收入－营业成本（或营业费用）－税金及附加－销售费用－管理费用－财务费用－资产减值损失＋公允价值变动收益（损失为负）＋投资收益（损失为负）＝15000＋5000－9000－1000＝10000（万元）。

2. 【答案】D

【解析】利润总额＝营业利润＋营业外收入－营业外支出＝2600＋1500－600＝3500（万元）。

3. 【答案】B

【解析】营业利润＝营业收入－营业成本（或营业费用）－税金及附加－销售费用－管理费用－财务费用－资产减值损失＋公允价值变动收益（损失为负）＋投资收益（损失为负）＝3704－1394－25＋15＝2300（万元）；利润总额＝营业利润＋营业外收入－营业外支出＝2300＋12－2＝2310（万元）；

净利润＝利润总额－所得税费用＝2310×（1－25％）＝1732.5（万元）。

考点 2 税后利润的分配顺序

1. 【答案】DE

【解析】按照《中华人民共和国公司法》，公司税后利润的分配顺序为：

(1) 弥补公司以前年度亏损。

(2) 提取法定公积金（强制公积金）。

(3) 经股东会或者股东大会决议提取任意公积金。

(4) 向投资者分配的利润或股利。

(5) 未分配利润。

2. 【答案】D

【解析】按照《中华人民共和国公司法》，公司税后利润的分配顺序为：

(1) 弥补公司以前年度亏损。

(2) 提取法定公积金。法定公积金有专门的用途，一般包括以下三个方面的用途：①弥补亏损；②扩大公司生产经营；③增加公司注册资本。

(3) 经股东会或者股东大会决议提取任意公积金。

(4) 向投资者分配的利润或股利。

(5) 未分配利润。

提取法定公积金前分配的是弥补公司以前年度亏损，即60万元。

考点 3 所得税费用

1. 【答案】A

【解析】利润总额＝营业利润＋营业外收入－营业外支出＝4000＋1200－1100＝4100（万元）；当期所得税＝应纳税所得额×适用的所得税税率＝4100×25％＝1025（万元）。

2. 【答案】D

【解析】企业发生的公益性捐赠支出，在年度利润总额12％以内的部分，准予在计算应纳税所得额时扣除。计算应纳税所得额时，赞助支出不得扣除。因此，计算2023年应纳税所得额时该笔捐赠支出准予扣除的最大金额＝10000×12％＝1200（万元）。

3.【答案】B

【解析】在计算应纳税所得额时，企业按照规定计算的固定资产折旧，准予扣除。但下列固定资产不得计算折旧扣除：

（1）房屋、建筑物以外未投入使用的固定资产。

（2）以经营租赁方式租入的固定资产。

（3）以融资租赁方式租出的固定资产。

（4）已足额提取折旧仍继续使用的固定资产。

（5）与经营活动无关的固定资产。

（6）单独估价作为固定资产入账的土地。

（7）其他不得计算折旧扣除的固定资产。

第十章 财务分析

考点 1 财务报告

1.【答案】C

【解析】资产负债表有两部分内容：第一部分是资产类，企业资产按其"流动性"（即把资产转换成现金所需要的时间）大小顺序排列，分为流动资产和非流动资产列示；第二部分是负债类，它们按债务必须支付的时间顺序排列，分为流动负债和非流动负债列示。

2.【答案】B

【解析】资产负债表能够反映企业资产、负债和所有者权益的全貌，可以帮助报表使用者了解企业的财务状况，其作用主要体现在以下三个方面：

（1）资产负债表能够反映企业在某一特定日期所拥有的各种资源总量及其分布情况，可以分析企业的资产构成，以便及时进行调整。

（2）资产负债表能够反映企业的偿债能力，可以提供某一日期的负债总额及其结构，表明企业未来需要用多少资产或劳务清偿债务以及清偿时间。

（3）资产负债表能够反映企业在某一特定日期企业所有者权益的构成情况，可以判断资本保值、增值的情况以及对负债的保障程度。

3.【答案】ABC

【解析】利润表主要反映以下几个方面的内容：

（1）营业收入，由主营业务收入和其他业务收入组成。

（2）营业利润，营业收入减去营业成本、营业税金及附加、销售费用、管理费用、财务费用、资产减值损失，加上公允价值变动收益、投资收益，即为营业利润。

（3）利润总额，营业利润加上营业外收入，减去营业外支出，即为利润总额。

（4）净利润，利润总额减去所得税费用，即为净利润。

（5）其他综合收益各项目分别扣除所得税影响后的净额。

（6）综合收益总额。综合收益是指企业在某一期间除与所有者以其所有者身份进行的交易之外的其他交易或事项所引起的所有者权益变动。综合收益总额项目反映净利润和其他综合收益扣除所得税影响后的净额相加后的合计金额。

4.【答案】A

【解析】利润表是财务报表中的主要报表，其作用主要表现在以下几个方面：

（1）利润表能反映企业在一定期间的收入和费用情况以及获得利润或发生亏损的数额，表明企业投入与产出之间的关系。

（2）通过利润表提供的不同时期的比较数字，可以分析判断企业损益发展变化的趋势，预测企业未来的盈利能力。

（3）通过利润表可以考核企业的经营成果以及利润计划的执行情况，分析企业利润增减变化原因。

5.【答案】CDE

【解析】投资活动产生的现金流量包括：

（1）收回投资收到的现金。

（2）取得投资收益收到的现金。

(3) 处置固定资产、无形资产和其他长期资产收回的现金净额。
(4) 处置子公司及其他营业单位收到的现金净额。
(5) 收到其他与投资活动有关的现金。
(6) 购建固定资产、无形资产和其他长期资产支付的现金。
(7) 投资支付的现金。
(8) 取得子公司及其他营业单位支付的现金净额。
(9) 支付其他与投资活动有关的现金。

6. 【答案】D
【解析】筹资活动产生的现金流量包括：
(1) 吸收投资收到的现金。
(2) 取得借款收到的现金。
(3) 收到其他与筹资活动有关的现金。
(4) 偿还债务支付的现金。
(5) 分配股利、利润或偿付利息支付的现金。
(6) 支付其他与筹资活动有关的现金。

7. 【答案】DE
【解析】选项A、B属于投资活动产生的现金流量；选项C属于筹资活动产生的现金流量；选项D、E属于经营活动产生的现金流量。

8. 【答案】A
【解析】投资活动产生的现金流量包括：
(1) 收回投资收到的现金。
(2) 取得投资收益收到的现金。
(3) 处置固定资产、无形资产和其他长期资产收回的现金净额。
(4) 处置子公司及其他营业单位收到的现金净额。
(5) 收到其他与投资活动有关的现金。
(6) 购建固定资产、无形资产和其他长期资产支付的现金。
(7) 投资支付的现金。
(8) 取得子公司及其他营业单位支付的现金净额。
(9) 支付其他与投资活动有关的现金。

该企业经营活动产生的现金流为145+25=170（万元）；筹资活动产生的现金流为205万元；投资活动产生的现金流量为0万元。

9. 【答案】D
【解析】筹资活动产生的现金流量包括：
(1) 吸收投资收到的现金。
(2) 取得借款收到的现金。
(3) 收到其他与筹资活动有关的现金。
(4) 偿还债务支付的现金。
(5) 分配股利、利润或偿付利息支付的现金。
(6) 支付其他与筹资活动有关的现金。
该企业筹资活动产生的现金流量=20+30+50=100（万元）。

10. 【答案】A
【解析】经营活动的现金流量主要包括：
(1) 销售商品、提供劳务收到的现金。
(2) 收到的税费返还。
(3) 收到其他与经营活动有关的现金（包括企业实际收到的政府补助）。
(4) 购买商品、接受劳务支付的现金。
(5) 支付给职工以及为职工支付的现金。
(6) 支付的各项税费。
(7) 支付其他与经营活动有关的现金。
该企业经营活动产生的现金流量=425+225=650（万元）。

11. 【答案】ABCE
【解析】现金等价物是指企业持有的期限短、流动性强、易于转换为已知金额现金、价值变动风险小的投资，通常从购买日起三个月到期或清偿的国库券、货币市场基金、可转换定期存单、银行承兑汇票等都可列为现金等价物。但是企业短期购入的可流通的股票，尽管期限短，变现的能力也很强，但由于其变现的金额并不确定，其价值变动的风险较大，因而不属于现金等价物。

12. 【答案】ABCE
【解析】《企业会计准则》规定，附注应当披露财务报表的编制基础。附注应当按照下列顺序至少披露：

(1) 企业的基本情况，如企业注册地、组织形式、总部地址、业务性质、主要经营活动、母公司的名称等。

(2) 财务报表的编制基础。

(3) 遵循企业会计准则的声明。

(4) 重要会计政策和会计估计，包括财务报表项目的计量基础和在运用会计政策过程中所做的重要判断等，以及可能导致下一个会计期间内资产、负债账面价值重大调整的会计估计的确定依据等。

(5) 会计政策和会计估计变更以及差错更正的说明。

(6) 报表重要项目的说明，如企业终止经营，应当在附注中披露终止经营的收入、费用、利润总额、所得税费用和净利润，以及归属于母公司所有者的终止经营利润。

(7) 或有和承诺事项、资产负债表日后非调整事项、关联方关系及其交易等需要说明的事项。

(8) 有助于财务报表使用者评价企业管理资本的目标、政策及程序的信息。

(9) 关于其他综合收益各项目的信息等。

13.【答案】A

【解析】财务报表附注是对财务报表的重要补充。由于财务报表中所规定的内容具有一定的固定性和规定性，只能提供定量的会计信息，其所能反映的会计信息受到一定的限制，因此，很多信息反映在附注。选项B属于现金流量表的作用；选项C属于利润表的作用；选项D属于资产负债表的作用。

考点 2 财务报告列报基本要求

1.【答案】B

【解析】为了规范财务报表的列报，保证同一企业不同期间和同一期间不同企业的财务报告相互可比，《企业会计准则》中对财务报告的列报有一定的要求，主要包括以下几个方面：

(1) 企业应当以持续经营为基础。

(2) 除现金流量表按照收付实现制原则编制外，企业应当按照权责发生制原则编制财务报表。

(3) 财务报表项目的列报应当在各个会计期间保持一致，不得随意变更，但下列两种情况除外：①会计准则要求改变财务报表项目的列报；②企业经营业务的性质发生重大变化或对企业经营影响较大的交易或事项发生后，变更财务报表项目的列报能够提供更可靠、更相关的会计信息。

(4) 重要项目单独列报。

(5) 报表列示项目不应相互抵销。

(6) 当期报表列报项目与上期报表列报项目应当具有可比性。

(7) 企业至少应当按年编制财务报表。

(8) 其他应披露的信息。

企业应当在财务报表的显著位置至少披露下列各项：①编报企业的名称；②资产负债表日或财务报表涵盖的会计期间；③人民币金额单位；④财务报表是合并财务报表的，应当予以标明。

2.【答案】CDE

【解析】为了规范财务报表的列报，保证同一企业不同期间和同一期间不同企业的财务报告相互可比，《企业会计准则》中对财务报告的列报有一定的要求，主要包括以下几个方面：

(1) 企业应当以持续经营为基础。

(2) 除现金流量表按照收付实现制原则编制外，企业应当按照权责发生制原则编制财务报表。

(3) 财务报表项目的列报应当在各个会计期间保持一致，不得随意变更，但下列两种情况除外：①会计准则要求改变财务报表项目的列报；②企业经营业务的性质发生重大变化或对企业经营影响较大的交易或事项发生后，变更财务报表项目的列报能够提供更可靠、更相关的会计信息。

(4) 重要项目单独列报。

(5) 报表列示项目不应相互抵销。
(6) 当期报表列报项目与上期报表列报项目应当具有可比性。
(7) 企业至少应当按年编制财务报表。年度财务报表涵盖的期间短于一年的，应当披露年度财务报表的涵盖期间、短于一年的原因以及报表数据不具可比性的事实。
(8) 其他应披露的信息。

企业应当在财务报表的显著位置至少披露下列各项：①编报企业的名称；②资产负债表日或财务报表涵盖的会计期间；③人民币金额单位；④财务报表是合并财务报表的，应当予以标明。

3. 【答案】D
【解析】除现金流量表按照收付实现制原则编制外，企业应当按照权责发生制原则编制财务报表。

考点 3 财务分析方法的分类

1. 【答案】ABCE
【解析】比率分析法是财务分析最基本、最重要的方法。常用的比率主要有以下三种：
(1) 构成比率是反映部分与总体的关系，如流动资产占资产总额的比率。
(2) 相关比率是反映有关经济活动的相互联系、相互影响的关系，如资产净利率、存货周转率。
(3) 动态比率是通过对两期或连续多期财务报告中相同指标不同时期的数值进行对比，求出比率，以分析其增减变化的方向和幅度，来说明企业财务状况、经营成果和现金流量变动趋势。通常采用基期指数和环比指数两种方法。

2. 【答案】B
【解析】因素分析法是依据分析指标与其驱动因素之间的关系，从数量上确定各因素对分析指标的影响方向及程度的分析方法。这种方法的分析思路是，当有若干因素对分析指标产生影响时，在假设其他各因素都不变的情况下，顺序确定每个因素单独变化对分析指标产生的影响。

考点 4 财务比率分析

1. 【答案】ACE
【解析】甲企业的流动比率高于行业平均水平，乙企业的流动比率低于行业平均水平，说明乙企业可以作为偿还每1元负债的流动资产过少，所以甲企业的偿债能力较强，优于乙企业。乙企业速动比率低于行业标准，说明速动资产偏低，根据公式：流动资产－存货＝速动资产，可表明该企业流动资产中存货比例过大。

2. 【答案】BCE
【解析】速动资产是指能够迅速变现为货币资金的各类流动资产，通常有两种计算方法：一种方法是将流动资产中扣除存货后的资产统称为速动资产，即：速动资产＝流动资产－存货；另一种方法是将变现能力较强的货币资金、交易性金融资产、应收票据、应收账款和其他应收款等加总作为速动资产，即：速动资产＝货币资金＋交易性金融资产＋应收票据＋应收账款＋其他应收款。
选项A、D属于速动资产，选项B属于负债，选项C属于流动资产，选项E属于非流动资产。

3. 【答案】B
【解析】速动比率是指企业的速动资产与流动负债之间的比率关系。其中，速动资产是指能够迅速变现为货币资金的各类流动资产，通常有两种计算方法：一种方法是将流动资产中扣除存货后的资产统称为速动资产，即：速动资产＝流动资产－存货；另一种方法是将变现能力较强的货币资金、交易性金融资产、应收票据、应收账款和其他应收款等加总作为速动资产，即：速动资产＝货币资金＋交易性金融资产＋应收票据＋应收账款＋其他应收款。在企业不存在其他流动资产项目时，这两种方法的计算结果应一致。速动比率＝速动资产/流动负债。
选项A错误，预收账款属于负债。

选项B正确，存货占流动资产比例越低，速动比率越高。

选项C错误，银行存款属于货币资金，货币资金占流动资产比例越高，速动比率越高。

选项D错误，其他应收款占流动资产比例越高，速动比率越高。

4. 【答案】A

【解析】资产负债率是企业总负债与总资产之比，它既能反映企业利用债权人提供资金进行经营活动的能力，也能反映企业经营风险的程度，是综合反映企业长期偿债能力的重要指标。

5. 【答案】C

【解析】从企业债权人角度看，资产负债率越低，说明企业偿债能力越强，债权人的权益就越有保障。从企业所有者和经营者角度看，通常希望该指标高些，这有利于利用财务杠杆增加所有者获利能力。但资产负债率过高，企业财务风险也会增大。因此，一般地说，该指标为50%比较合适，有利于风险与收益的平衡。

6. 【答案】C

【解析】资产负债率＝总负债/总资产×100%＝（25+45）/200×100%＝35%。

7. 【答案】CDE

【解析】常用的偿债能力指标包括资产负债率、流动比率、速动比率、利息备付率、偿债备付率等指标。

8. 【答案】D

【解析】偿债备付率是指企业在借款偿还期内，各年可用于还本付息的资金与当期应还本付息金额的比值。

9. 【答案】A

【解析】利息备付率也称利息保障倍数，指息税前利润与当期应付利息的比值，一般分年计算。息税前利润即利润总额与计入总成本费用的利息费用之和；当期应付利息即计入总成本费用的应付利息。

10. 【答案】A

【解析】利息备付率也称利息保障倍数。建设资金借款等长期债务通常不需要每年还本，但是需要每年付息，利息备付率可以表明每1元当期应付利息支出有多少倍的息税前利润作为偿付保障，利息保障倍数越大，利息支付越有保障，属于反映企业长期偿债能力的指标，正常情况下利息备付率应当大于1，并结合债权人的要求确定。如果利息备付率低于1，表示企业自身产生的经营收益不能支持现有规模的债务的利息，偿债风险很大。参考国际经验和国内行业的具体情况，一般情况下，利息备付率不宜低于2，而且需要将该利息备付率指标与其他同类企业进行比较，来分析决定本企业的指标水平。

11. 【答案】ACE

【解析】营运能力比率是用于衡量公司资产管理效率的指标，常用的指标有总资产周转率、流动资产周转率、存货周转率、应收账款周转率等。选项B属于反映企业长期偿债能力的重要指标；选项D属于反映企业短期偿债能力的指标。

12. 【答案】BD

【解析】反映企业盈利能力的指标很多，常用的主要有权益净利率、总资产净利率等。选项A是反映企业营运能力的指标；选项C、E属于偿债能力的指标。

13. 【答案】A

【解析】盈利能力是指企业赚取利润的能力。一般来说，企业的盈利能力只涉及正常的营业状况。因此，在分析企业盈利能力时，应当排除以下项目：

（1）证券买卖等非正常经营项目。

（2）已经或将要停止的营业项目。

（3）重大事故或法律更改等特别项目。

（4）会计准则或财务制度变更带来的累积影响等因素。

14. 【答案】BD

【解析】企业发展能力又称成长能力，是企业在经营活动过程中表现出的增长能力。企业发展能力的指标主要有：营业收入增长率和资本积累率。

15. 【答案】D

【解析】资本积累率＝本年所有者权益增长额/年初所有者权益×100％＝（4800－4000）/4000×100％＝20％。

16. 【答案】C

【解析】杜邦财务分析体系是以权益净利率为核心指标，以总资产净利率和权益乘数为两个方面，重点揭示企业获利能力及财务杠杆应用对权益净利率的影响，以及各相关指标之间的相互作用关系。

第十一章 筹资管理

考点 1 筹资主体

1. 【答案】A

【解析】直接筹资方式是指筹资主体不通过银行等金融中介机构而从资本市场筹集资金，比如发行股票和企业债券筹资。在市场经济条件下，间接筹资方式是指筹资主体通过银行等金融中介机构向资金提供者间接筹资，比如向商业银行申请贷款、委托信托公司进行证券化筹资等。选项B、C属于间接筹资，选项D属于内源筹资。

2. 【答案】DE

【解析】企业内源筹资资金来源主要包括企业自有资金、应付息税以及未使用或者未分配专项基金。其中，自有资金主要包括留存收益、应收账款以及闲置资产变卖等；未使用或未分配的专项基金主要包括更新改造基金、生产发展基金以及职工福利基金等。内源筹资由于源自企业内部，因此不会发生筹资费用，具有明显的成本优势，同时内源筹资还具有效率优势，能够有效降低时间成本。选项A、B、C是外源筹资资金来源。

3. 【答案】A

【解析】直接筹资方式是指筹资主体不通过银行等金融中介机构而从资本市场筹集资金，比如发行股票和企业债券筹资。在市场经济条件下，间接筹资方式是指筹资主体通过银行等金融中介机构向资金提供者间接筹资，比如向商业银行申请贷款、委托信托公司进行证券化筹资等。

本题中，直接筹资金额＝100＋50＝150（万元）。

4. 【答案】D

【解析】企业内源筹资资金来源主要包括企业自有资金、应付息税以及未使用或者未分配专项基金。其中，自有资金主要包括留存收益、应收账款以及闲置资产变卖等；未使用或未分配的专项基金主要包括更新改造基金、生产发展基金以及职工福利基金等。内源筹资由于源自企业内部，因此不会发生筹资费用，具有明显的成本优势，同时内源筹资还具有效率优势，能够有效降低时间成本。

本题中，内源筹资金额＝220＋180＝400（万元）。

5. 【答案】ABCE

【解析】项目融资具有以下特点：
（1）以项目为主体。项目融资主要根据项目的预期收益、资产以及政府扶持措施的力度来安排融资，其贷款的数量、融资成本的高低以及融资结构的设计都是与项目的现金流量和资产价值直接联系在一起的，因此，项目融资是以项目为主体的融资活动。
（2）有限追索贷款。
（3）合理分配投资风险。
（4）项目资产负债表之外的融资。
（5）灵活的信用结构。

考点 2 短期筹资的特点和方式

1. 【答案】ABCD

【解析】短期负债筹资通常具有的特点包括筹资速度快、筹资弹性好、筹资成本较低、筹资风险高。

2. 【答案】D

【解析】商业信用的具体形式有应付账款、应付票据、预收账款、其他应付款项等。

3. 【答案】B

【解析】短期借款指企业向银行和其他非银行金融机构借入的期限在1年以内的借款。主要有生产周转借款、临时借款、结算借款等。

考点 3 长期筹资的方式和特点

1. 【答案】ABE

   【解析】与其他长期负债筹资相比，长期借款筹资的特点为：筹资速度快，手续比发行债券简单，取得借款所花费的时间较短；借款弹性较大，通过与银行直接交涉，可谈判确定有关条件；用款期间发生变动，亦可与银行再协商；借款成本较低，长期借款利率一般低于债券利率，且由于借款属于直接筹资，筹资费用较少；长期借款的限制性条款比较多，制约着借款的使用，也可能限制企业的经营活动。

2. 【答案】D

   【解析】企业债券的发行价格通常有平价、溢价和折价三种。平价指以债券票面金额为发行价格；溢价指以高出债券票面金额的价格为发行价格；折价指以低于债券票面金额的价格为发行价格。债券发行价格的形成受诸多因素的影响，其中主要是票面利率与市场利率的一致程度。当票面利率高于市场利率时，以溢价发行债券；当票面利率低于市场利率时，以折价发行债券；当票面利率与市场利率一致时，以平价发行债券。

3. 【答案】A

   【解析】与其他长期负债筹资方式相比，发行长期债券的突出优点在于筹资规模大、债券发行对象范围广、市场容量较大，可以筹集到的资金数量相对较多，具有长期性和稳定性，债券的期限可以较长且债券投资者不能在债券到期前向企业索取本金，但是，这种筹资方式的缺点是发行成本高、信息披露成本高、限制条件多。

4. 【答案】ABCD

   【解析】融资租赁的租金包括三大部分：
   (1) 租赁资产的成本：租赁资产的成本大体由资产的购买价、运杂费、运输途中的保险费等项目构成。
   (2) 租赁资产成本的利息：即出租人向承租人所提供资金的利息。
   (3) 租赁手续费：包括出租人承办租赁业务的费用以及出租人向承租人提供租赁服务所赚取的利润。

考点 4 资金成本的概念及计算

1. 【答案】B

   【解析】资金占用费是指企业占用资金支付的费用，如银行借款利息和债券利息等。筹集费用是指在资金筹集过程中支付的各项费用，如发行债券支付的印刷费、代理发行费、律师费、公证费、广告费等，它通常是在筹集资金时一次性支付，在使用资金的过程中不再发生。选项A、C、D属于筹资费。

2. 【答案】D

   【解析】资金占用费是指企业占用资金支付的费用，如银行借款利息和债券利息等。筹集费用是指在资金筹集过程中支付的各项费用，如发行债券支付的印刷费、代理发行费、律师费、公证费、广告费等，它通常是在筹集资金时一次性支付，在使用资金的过程中不再发生。选项A、B、C属于筹资费。

3. 【答案】D

   【解析】资金成本的概念广泛地运用于企业财务管理中，其主要作用表现在以下几个方面：
   (1) 选择资金来源、确定筹资方案的重要依据。从筹资决策的角度来讲，企业力求选择资金成本最低的筹资方式。
   (2) 评价投资项目、比较投资方案和进行投资决策的经济标准。从企业投资决策的角度来讲，通常将资金成本视为一个投资项目的最低收益率或必要报酬率。
   (3) 评价企业经营业绩的基准。资金成本还可用作衡量企业经营业绩的尺度，即全部投资的利润率应高于资金成本率，否则表明业绩欠佳，需要改善经营管理。

4. 【答案】D

【解析】资金成本率＝［2000×8%×（1－25%）］/2000＝6%。

5. 【答案】A

【解析】第一步，计算各种长期资本占全部资本的比例：

长期借款资金比例＝4000/20000×100%＝20%。

长期债券资金比例＝10000/20000×100%＝50%。

普通股资金比例＝6000/20000×100%＝30%。

第二步，测算综合资金成本率：

综合资金成本率＝8%×20%＋9%×50%＋10%×30%＝9.1%。

考点 5 资本结构分析

1. 【答案】A

【解析】影响资本结构的因素较为复杂，大体可以分为外部因素和内部因素。外部因素通常有税率、汇率、资本市场、行业特征等；内部因素通常有营业收入、成长性、盈利能力、管理层偏好、财务灵活性以及股权结构等。一般而言，现金流量波动大的企业要比现金流量稳定的类似企业负债水平低；成长性好的企业要比成长性较差的类似企业负债水平低；盈利能力强的企业要比盈利能力低的类似企业负债水平低；财务灵活性大的企业要比财务灵活性小的类似企业负债能力强。

2. 【答案】D

【解析】通常情况下，企业的资本由长期债务资本和权益资本构成，因此资本结构指的是长期债务资本和权益资本的构成及其比例关系，不包括短期负债。应付票据和应付账款属于短期负债。

故该企业应列入资本结构管理范畴的金额为2000＋1000＝3000（万元）。

3. 【答案】B

【解析】资金成本比较法，是指在不考虑各种筹资方式在数量与比例上的约束以及财务风险差异时，通过测算不同资本结构方案的综合资金成本，选择综合资金成本最低的方案，确定为相对较优的资本结构。

4. 【答案】B

【解析】从根本上讲，企业财务管理的目标在于追求股东财富最大化。然而，只有在风险不变的情况下，每股收益的增长才会直接导致股东财富的上升，实际上经常是随着每股收益的增长，风险也会加大。如果每股的收益增长不足以补偿风险增加所需的代价时，尽管每股收益增长，但是股东财富仍然会下降，所以，企业最优的资本结构应当是使企业的价值最大化，同时，资金成本也是最低的资本结构，而不一定是每股收益最大的资本结构。

第十二章 营运资金管理

考点 1 现金管理的目标和方法

1. 【答案】D

【解析】企业现金管理的目标，就是要在资产的流动性和盈利能力之间做出抉择，提高现金使用效率，以获取最大的长期利益。

2. 【答案】D

【解析】企业置存现金的原因，主要是满足交易性需要、预防性需要和投机性需要。交易性需要是指置存现金以满足企业日常业务的支付需要。预防性需要是指置存现金以防发生意外的支付需要。投机性需要是指置存现金用于不寻常的购买机会。

3. 【答案】C

【解析】现金收支管理的目的在于提高现金使用效率，为达到这一目的，应当注意做好以下几方面工作：

（1）力争现金流量同步。

（2）使用现金浮游量。

（3）加速收款。

（4）推迟应付款的支付。

考点 2　最佳现金持有量

1. 【答案】B
   【解析】企业缺乏必要的现金，将不能应付业务开支，使企业蒙受损失。企业由此而造成的损失，称为短缺现金成本。

2. 【答案】D
   【解析】持有的总成本即为机会成本、管理成本和短缺成本之和，总成本最低的方案最优。方案 D 的持有总成本最低，为 16000 元。其现金持有量为 130000 元。

3. 【答案】C
   【解析】机会成本、管理成本、短缺成本三者之和最小的现金持有量，就是最佳现金持有量。甲、乙、丙、丁方案的现金持有总成本分别为 25500 元、26200 元、23800 元、25000 元。因此，丙方案为最佳现金持有量方案。

4. 【答案】B
   【解析】企业持有现金的成本主要包括三部分：
   （1）机会成本。现金持有量越大，机会成本越高。
   （2）管理成本。管理成本一般视为固定成本，与现金持有量之间无明显的比例关系。
   （3）短缺成本。现金的短缺成本随现金持有量的增加而下降，随现金持有量的减少而上升。

5. 【答案】D
   【解析】成本分析模式是通过分析持有现金的成本，寻找持有成本最低的现金持有量。企业持有的现金，将会有三种成本：
   （1）机会成本。现金作为企业的一项资金占用，是有代价的，这种代价就是它的机会成本。
   （2）管理成本。管理成本一般视为固定成本，与现金持有量之间无明显的比例关系。
   （3）短缺成本。现金的短缺成本，是因缺乏必要的现金，不能应付业务开支所需，而使企业蒙受损失或为此付出的代价。现金的短缺成本随现金持有量的增加而下降，随现金持有量的减少而上升。
   上述三项成本之和最小的现金持有量，就是最佳现金持有量。

6. 【答案】D
   【解析】机会成本、管理成本、短缺成本三项成本之和最小的现金持有量，就是最佳现金持有量。各方案的总成本计算见下表，丁方案的总成本量最低，应选择丁方案。

方案	甲	乙	丙	丁
现金持有量/元	90000	100000	180000	190000
机会成本/元	9000	10000	12000	13000
管理成本/元	6000	6000	6000	6000
短缺成本/元	9000	8000	5000	2000
总成本/元	24000	24000	23000	21000

7. 【答案】A
   【解析】常用的确定现金持有量的方法有成本分析模式、存货模式和随机模式三种。成本分析模式是通过分析持有现金的成本，寻找持有成本最低的现金持有量。

8. 【答案】A
   【解析】企业持有的现金，将会有三种成本：机会成本、管理成本和短缺成本。这三项成本之和最小的现金持有量，就是最佳现金持有量。

考点 3　应收账款管理

1. 【答案】B
   【解析】应收账款是企业流动资产中的一个重要项目，是商业信用的直接产物。

2. 【答案】ACD

【解析】现金折扣是企业对顾客在商品价格上所做的扣减。向顾客提供这种价格上的优惠，主要目的在于吸引顾客为享受优惠而提前付款，缩短企业的平均收款期。另外，现金折扣也能招揽一些视折扣为减价出售的顾客前来购货，借此扩大销售量。

考点 4 存货管理

1. 【答案】B

【解析】存货管理的目标是尽力在各种存货成本与存货效益之间做出权衡，达到两者的最佳结合。存货占用资金是有成本的，占用过多会使利息支出增加并导致利润的损失；各项开支的增加更直接使成本上升。存货管理的 ABC 分析法，应对 A 类存货实施严格控制。

2. 【答案】D

【解析】存货是指企业在生产经营过程中为销售或者耗用而储备的物资，包括材料、燃料、低值易耗品、在产品、半成品、产成品、协作件、商品等。存货属于流动资产。过多的存货要占用较多的资金，并且会增加包括仓储费、保险费、维护费、管理人员工资在内的各项开支。存货占用资金是有成本的，占用过多会使利息支出增加并导致利润的损失；各项开支的增加更直接使成本上升。

3. 【答案】A

【解析】企业储备存货有关的成本，包括以下三种：

(1) 取得成本。包括订货成本和购置成本。订货成本指取得订单的成本。订货成本中有一部分与订货次数无关，如常设采购机构的基本开支等，称为订货的固定成本；另一部分与订货次数有关，如差旅费、邮资等，称为订货的变动成本。购置成本指存货本身的价值，经常用数量与单价的乘积来确定。

(2) 储存成本。储存成本指为保持存货而发生的成本，包括存货占用资金所应计的利息、仓库费用、保险费用、存货破损和变质损失等。储存成本也分为固定成本和变动成本。

(3) 缺货成本。缺货成本指由于存货供应中断而造成的损失。

4. 【答案】A

【解析】缺货成本指由于存货供应中断而造成的损失，包括材料供应中断造成的停工损失、产成品库存缺货造成的拖欠发货损失和丧失销售机会的损失（还应包括需要主观估计的商誉损失）；如果生产企业以紧急采购代用材料解决库存材料中断之急，那么缺货成本表现为紧急额外购入成本（紧急额外购入的开支会大于正常采购的开支）。存货破损和变质损失属于储存成本。

因此，甲公司的缺货成本 = 10 + 5 + 5 = 20（万元）。

5. 【答案】C

【解析】订货成本指取得订单的成本，如办公费、差旅费、邮资、电报电话费等支出。订货成本中有一部分与订货次数无关，如常设采购机构的基本开支等，称为订货的固定成本；另一部分与订货次数有关，如差旅费、邮资等，称为订货的变动成本。

该企业订货成本 = 60/10 × 0.5 + 0.6 = 3.6（万元）。

6. 【答案】B

【解析】经济订货量 =

$$\sqrt{\frac{2 \times \text{一次订货的变动成本} \times \text{存货年需要量}}{\text{单位储存成本}}}$$

$$= \sqrt{\frac{2 \times 2000 \times 6000}{600}} = 200 \text{（吨）}。$$

7. 【答案】B

【解析】经济订货量 =

$$\sqrt{\frac{2 \times \text{一次订货的变动成本} \times \text{存货年需要量}}{\text{单位储存成本}}}$$

$$= \sqrt{\frac{2 \times 3600 \times 4000}{2000}} = 120 \text{（吨）}。$$

8. 【答案】A

【解析】 经济订货量＝

$$\sqrt{\frac{2 \times 一次订货的变动成本 \times 存货年需要量}{单位储存成本}}$$

$$=\sqrt{\frac{2 \times 2500 \times 10000}{200}}=500（吨）。$$

9. 【答案】 AD

【解析】 存货管理的 ABC 分析法就是按照一定的标准，将企业的存货划分为 A、B、C 三类，分别实行分品种重点管理、分类别一般控制和按总额灵活掌握的存货管理方法。分类的标准主要有两个：一是金额标准；二是品种数量标准。

10. 【答案】 B

【解析】 从财务管理的角度来看，A 类存货种类虽然较少，但占用资金较多，应集中主要精力，对其经济批量进行认真规划，实施严格控制；C 类存货虽然种类繁多，但占用资金很少，不必耗费过多的精力去分别确定其经济批量，也难以实行分品种或分大类控制，可凭经验确定进货量；B 类存货介于 A 类和 C 类之间，也应给予相当的重视，但不必像 A 类那样进行非常严格的规划和控制，管理中根据实际情况采取灵活措施。

11. 【答案】 ABC

【解析】 运用存货 ABC 分析法管理存货，会使企业分清主次，有针对性地采取措施，进行有效的存货管理和控制；从财务管理的角度来看，A 类存货种类虽然较少，但占用资金较多，应集中主要精力，对其经济批量进行认真规划，实施严格控制；C 类存货虽然种类繁多，但占用资金很少，不必耗费过多的精力去分别确定其经济批量，也难以实行分品种或分大类控制，可凭经验确定进货量；B 类存货介于 A 类和 C 类之间，也应给予相当的重视，但不必像 A 类那样进行非常严格的规划和控制，管理中根据实际情况采取灵活措施。

考点 5 短期负债筹资决策

1. 【答案】 B

【解析】 该企业放弃现金折扣的资金成本＝[3％/（1－3％）]×[360/（30－10）]×100％＝55.67％。

2. 【答案】 B

【解析】 甲银行：贴现法是银行向企业发放贷款时，先从本金中扣除利息部分，而到期时借款企业则要偿还贷款全部本金的一种计息方法（实际利率＞名义利率）。

乙银行：收款法是在借款到期时向银行支付利息的方法（实际利率＝名义利率）。

丙银行：加息法是银行发放分期等额偿还贷款时采用的利息收取方法（实际利率高于名义利率大约 1 倍）。

实际支付利息最小的银行为乙银行。

3. 【答案】 A

【解析】 免费信用额＝20－20×2％＝19.6（万元）。

4. 【答案】 B

【解析】 某企业从银行取得借款 200 万元，期限 1 年，年利率（即名义利率）为 6％，利息额为 12 万元（200×6％）；按照贴息法付息，企业实际可利用的贷款为 188 万元（200－12），该项贷款的实际年利率＝12/188＝6.38％。

5. 【答案】 ABC

【解析】 一般借款企业可以有以下三种方法支付银行贷款利息：

（1）收款法。收款法是在借款到期时向银行支付利息的方法。银行向工商企业发放的贷款大都采用这种方法收息。

（2）贴现法。贴现法是银行向企业发放贷款时，先从本金中扣除利息部分，而到期时借款企业则要偿还贷款全部本金的一种计息方法。采用这种方法，企业可利用的贷款额只有本金减去利息部分后的差额，因此贷款的实际利率高于名义利率。

（3）加息法。加息法是银行发放分期等额偿还贷款时采用的利息收取方法。在分期等额偿还贷款的情况下,银行要将根据名义利率计算的利息加到贷款本金上,计算出贷款的本息和,要求企业在贷款期内分期偿还本息之和的金额。由于贷款分期均衡偿还,借款企业实际上只平均使用了贷款本金的半数却支付全额利息。这样,企业所负担的实际利率便高于名义利率大约1倍。

第三篇　工程计价

第十三章　建设项目总投资构成及计算

考点 1　建设项目总投资构成

1. 【答案】AE
   【解析】固定资产投资可以分为静态投资和动态投资两个部分。静态投资部分由建筑安装工程费、设备及工器具购置费、工程建设其他费和基本预备费构成。动态投资部分是指在建设期内，因建设期利息和国家新批准的税费、汇率、利率变动以及建设期价格变动引起的建设投资增加额，包括价差预备费、建设期利息等。

2. 【答案】B
   【解析】生产性建设项目总投资包括建设投资、建设期利息和流动资金三部分；非生产性建设项目总投资包括建设投资和建设期利息两部分。

3. 【答案】BCE
   【解析】固定资产投资可以分为静态投资和动态投资两部分。静态投资部分，由建筑安装工程费、设备及工器具购置费、工程建设其他费和基本预备费构成。动态投资部分，是指在建设期内，因建设期利息和国家新批准的税费、汇率、利率变动以及建设期价格变动引起的建设投资增加额，包括价差预备费、建设期利息等。

4. 【答案】D
   【解析】固定资产投资可以分为静态投资和动态投资两部分。静态投资部分由建筑安装工程费、设备及工器具购置费、工程建设其他费和基本预备费构成。动态投资部分是指在建设期内，因建设期利息和国家新批准的税费、汇率、利率变动以及建设期价格变动引起的建设投资增加额，包括价差预备费、建设期利息等。

5. 【答案】A

   【解析】工程费用是指建设期内直接用于工程建造、设备购置及其安装的费用，包括建筑工程费、设备及工器具购置费。

6. 【答案】ABC
   【解析】建设项目总投资是指为完成项目建设并达到使用要求或生产条件，在建设期内预计或实际发生的总费用。生产性建设项目总投资包括建设投资、建设期利息和流动资金三部分；非生产性建设项目总投资包括建设投资和建设期利息两部分。建设投资由工程费用（包括设备及工器具购置费和建筑安装工程费）、工程建设其他费用、预备费（包括基本预备费和价差预备费）组成。

7. 【答案】C
   【解析】工程建设其他费用包括：项目前期工作费、项目建设管理费、土地使用权取得费、生态补偿与压覆矿产资源等补偿费、工程准备费、市政公用配套设施费、专项评价费、工程咨询服务费（勘察费、设计费、监理费、研究试验费、特殊设备安全监督检验费、招标代理费、设计评审费、信息管理系统开发及使用费、工程造价咨询费、造价信息和数据使用费、其他咨询费）、专利及专有技术使用费、联合试运转费、生产准备费、工程保险费、税费（城镇土地使用税、耕地占用税、车船使用税、印花税）。

8. 【答案】ADE
   【解析】工程建设其他费用包括：项目前期工作费、项目建设管理费、土地使用权取得费、生态补偿与压覆矿产资源等补偿费、工程准备费、市政公用配套设施费、专项评价费、工程咨询服务费（勘察费、设计费、监理费、研究试验费、特殊设备安全监督检验费、招标代理费、设计评审费、信息管理系统开发及使用费、工程造价咨询费、造价信息和数据使用费、其他咨询费)、专利及专有技术使用费、联合试运转费、生产准备费、工程保险费、税费（城镇土地使用税、耕地占用税、车船使用税、印花税）。

【知识拓展】建设项目总投资组成见下表。

		费用项目名称
建设项目总投资	建设投资	
	第一部分 工程费用	设备及工器具购置费
		建筑安装工程费
	第二部分 工程建设其他费用	(1) 项目前期工作费
		(2) 项目建设管理费
		(3) 土地使用权取得费
		(4) 生态补偿与压覆矿产资源等补偿费
		(5) 工程准备费
		(6) 市政公用配套设施费
		(7) 专项评价费
		(8) 工程咨询服务费： ①勘察费 ②设计费 ③监理费 ④研究试验费 ⑤特殊设备安全监督检验费 ⑥招标代理费 ⑦设计评审费 ⑧信息管理系统开发及使用费 ⑨工程造价咨询费 ⑩造价信息和数据使用费 ⑪其他咨询费
		(9) 专利及专有技术使用费
		(10) 联合试运转费
		(11) 生产准备费
		(12) 工程保险费
		(13) 税费： ①城镇土地使用税 ②耕地占用税 ③车船使用税 ④印花税
	第三部分 预备费	基本预备费
		价差预备费
	建设期利息	
	流动资产投资——流动资金	

考点 2　进口设备抵岸价

1.【答案】C

【解析】目的地交货类的特点：买卖双方承担的责任、费用和风险是以目的地约定交货点为分界线,只有当卖方在交货点将货物置于买方控制下才算交货,方能向买方收取货款。这类交货价对卖方来说承担的风险较大,在国际贸易中卖方一般不愿意采用这类交货方式。

2. 【答案】CE

【解析】采用装运港船上交货价时卖方的责任有:负责在合同规定的装运港口和规定的期限内,将货物装上买方指定的船只并及时通知买方;负责货物装船前的一切费用和风险;负责办理出口手续;提供出口国政府或有关方面签发的证件;负责提供有关装运单据。

买方的责任有:负责租船或订舱,支付运费,并将船期、船名通知卖方;承担货物装船后的一切费用和风险;负责办理保险及支付保险费,办理在目的港的进口和收货手续;接受卖方提供的有关装运单据,并按合同规定支付货款。

3. 【答案】BDE

【解析】进口环节增值税额=组成计税价格×增值税税率,组成计税价格=到岸价×人民币外汇牌价+进口关税+消费税。

4. 【答案】C

【解析】到岸价=离岸价+国外运费+国外运输保险费=运费在内价+国外运输保险费。

5. 【答案】A

【解析】到岸价=离岸价+国外运费+国外运输保险费。

国外运输保险费=(离岸价+国外运费)/(1-国外运输保险费费率)×国外运输保险费费率=到岸价×国外运输保险费费率。

所以离岸价=972×(1-0.5%)-88=879.14(万元)。

6. 【答案】B

【解析】到岸价=离岸价+国外运费+运输保险费。

国外运输保险费=(离岸价+国外运费)/(1-国外运输保险费费率)×国外运输保险费费率=(881+88)/(1-0.3%)×0.3%=2.92(万元)。

所以到岸价=881+88+2.92=971.92(万元)。

7. 【答案】D

【解析】国外运输保险费=(离岸价+国外运费)/(1-国外运输保险费费率)×国外运输保险费费率=(3000000+360×1000)/(1-0.266%)×0.266%×6.1=54664.77(元)=5.467(万元)。

8. 【答案】A

【解析】进口产品增值税额=组成计税价格×增值税税率,组成计税价格=到岸价×人民币外汇牌价+进口关税+消费税,到岸价=离岸价+国外运费+国外运输保险费,进口关税=到岸价×人民币外汇牌价×进口关税税率。则该进口产品增值税额=[(500+25+6.5)+(500+25+6.5)×20%+4.25]×16%=102.728(万元)。

9. 【答案】A

【解析】消费税=(1500+300)×10%/(1-10%)=200(万元),增值税=(1500+300+200)×13%=260(万元)。进口设备抵岸价=货价+国外运费+国外运输保险费+银行财务费+外贸手续费+进口关税+增值税+消费税=1500+36+300+200+260=2296.(万元)。

10. 【答案】D

【解析】进口设备抵岸价=货价+国外运费+国外运输保险费+银行财务费+外贸手续费+进口关税+增值税+消费税。

其中,到岸价(CIF)=货价+国外运费+国外运输保险费,银行财务费=离岸价(FOB)×银行财务费率,外贸手续费=到岸价(CIF)×外贸手续费率,进口关税=到岸价×进口关税率,增值税=(到岸价+进口关税+消费税)×增值税率。

因此,抵岸价=850+680×0.4%+850×1.5%+850×20%+(850+850×20%)×13%=1168.07(万元)。

考点 3　设备运杂费

1. 【答案】C

   【解析】建设单位（或工程承包公司）的采购与仓库保管费是指采购、验收、保管和收发设备所发生的各种费用，包括设备采购、保管和管理人员工资、工资附加费、办公费、差旅交通费、设备供应部门办公和仓库所占固定资产使用费、工具用具使用费、劳动保护费、检验试验费等，选项C错误。

2. 【答案】ABDE

   【解析】设备运杂费是指设备及工器具原价（或进口设备抵岸价）、工器具及生产家具原价中未包括的包装和包装材料器具费、运输费、装卸费、采购费及仓库保管费、供销部门手续费等。包括：

   （1）国产标准设备由设备制造厂交货地点起至工地仓库（或施工组织设计指定的需要安装设备的堆放地点）止所发生的运费和装卸费。

   （2）进口设备则由我国到岸港口、边境车站起至工地仓库（或施工组织设计指定的需要安装设备的堆放地点）止所发生的运费和装卸费。

   （3）在设备出厂价格中没有包含的设备包装和包装材料器具费。在设备出厂价或进口设备价格中如已包括了此项费用，则不应重复计算。

   （4）按有关部门规定的统一费率计算的供销部门的手续费。

   （5）建设单位（或工程承包公司）的采购与仓库保管费。此项费用是指采购、验收、保管和收发设备所发生的各种费用，包括设备采购、保管和管理人员工资、工资附加费、办公费、差旅交通费、设备供应部门办公和仓库所占固定资产使用费、工具用具使用费、劳动保护费、检验试验费等。这些费用可按主管部门规定的采购保管费率计算。

   （6）如果设备是由设备成套公司供应的，成套公司的服务费也应计入设备运杂费中。

3. 【答案】ABCD

   【解析】设备运杂费是指设备及工器具原价（或进口设备抵岸价）、工器具及生产家具原价中未包括的包装和包装材料器具费、运输费、装卸费、采购费及仓库保管费、供销部门手续费等。包括：

   （1）国产标准设备由设备制造厂交货地点起至工地仓库（或施工组织设计指定的需要安装设备的堆放地点）止所发生的运费和装卸费。

   （2）进口设备则由我国到岸港口、边境车站起至工地仓库（或施工组织设计指定的需要安装设备的堆放地点）止所发生的运费和装卸费。

   （3）在设备出厂价格中没有包含的设备包装和包装材料器具费。在设备出厂价或进口设备价格中如已包括了此项费用，则不应重复计算。

   （4）按有关部门规定的统一费率计算的供销部门的手续费。

   （5）建设单位（或工程承包公司）的采购与仓库保管费。此项费用是指采购、验收、保管和收发设备所发生的各种费用，包括设备采购、保管和管理人员工资、工资附加费、办公费、差旅交通费、设备供应部门办公和仓库所占固定资产使用费、工具用具使用费、劳动保护费、检验试验费等。这些费用可按主管部门规定的采购保管费率计算。

   （6）如果设备是由设备成套公司供应的，成套公司的服务费也应计入设备运杂费中。

考点 4　建筑安装工程费（按费用构成要素划分）

1. 【答案】A

   【解析】奖金是指对超额劳动和增收节支支付给个人的劳动报酬。如节约奖、劳动竞赛奖等。

2. 【答案】AE

   【解析】人工费是指按工资总额构成规定，支付给从事建筑安装工程施工的生产工人和附属生产单位工人的各项费用。内容包括：

(1) 计时工资或计件工资：是指按计时工资标准和工作时间或对已做工作按计件单价支付给个人的劳动报酬。

(2) 奖金：是指对超额劳动和增收节支支付给个人的劳动报酬。如节约奖、劳动竞赛奖等。

(3) 津贴补贴：是指为了补偿职工特殊或额外的劳动消耗和因其他特殊原因支付给个人的津贴，以及为了保证职工工资水平不受物价影响支付给个人的物价补贴。如流动施工津贴、特殊地区施工津贴、高温（寒）作业临时津贴、高空津贴等。

(4) 加班加点工资：是指按规定支付的在法定节假日工作的加班工资和在法定日工作时间外延时工作的加点工资。

(5) 特殊情况下支付的工资：是指根据国家法律、法规和政策规定，因病、工伤、产假、计划生育假、婚丧假、事假、探亲假、定期休假、停工学习、执行国家或社会义务等原因按计时工资标准或计时工资标准的一定比例支付的工资。

3. 【答案】C

【解析】特殊情况下支付的工资：是指根据国家法律、法规和政策规定，因病、工伤、产假、计划生育假、婚丧假、事假、探亲假、定期休假、停工学习、执行国家或社会义务等原因按计时工资标准或计时工资标准的一定比例支付的工资。

4. 【答案】A

【解析】特殊情况下支付的工资：是指根据国家法律、法规和政策规定，因病、工伤、产假、计划生育假、婚丧假、事假、探亲假、定期休假、停工学习、执行国家或社会义务等原因按计时工资标准或计时工资标准的一定比例支付的工资。

5. 【答案】BD

【解析】劳动保险和职工福利费是指由企业支付的职工退职金、按规定支付给离休干部的经费、集体福利费、夏季防暑降温费、冬季取暖补贴、上下班交通补贴等。

6. 【答案】C

【解析】材料费包括：材料原价；运杂费；运输损耗费；采购及保管费。运输损耗费是指材料在运输装卸过程中不可避免的损耗。

7. 【答案】ABCE

【解析】材料费是指施工过程中耗费的各种原材料、半成品、构配件的费用，以及周转材料等的摊销、租赁费用。内容包括：

(1) 材料原价：是指材料、工程设备的出厂价格或商家供应价格。工程设备是指构成或计划构成永久工程一部分的机电设备、金属结构设备、仪器装置及其他类似的设备和装置。

(2) 运杂费：是指材料、工程设备自来源地运至工地仓库或指定堆放地点所发生的全部费用。

(3) 运输损耗费：是指材料在运输装卸过程中不可避免的损耗。

(4) 采购及保管费：是指为组织采购、供应和保管材料、工程设备的过程中所需要的各项费用。包括采购费、仓储费、工地保管费、仓储损耗。

8. 【答案】AC

【解析】人工费是指按工资总额构成规定，支付给从事建筑安装工程施工的生产工人和附属生产单位工人的各项费用。内容包括：

(1) 计时工资或计件工资。

(2) 奖金是指对超额劳动和增收节支支付给个人的劳动报酬。如节约奖、劳动竞赛奖等。

(3) 津贴补贴是指为了补偿职工特殊或额外的劳动消耗和因其他特殊原因支付给个人的津贴，以及为了保证职工工资水平不受物价影响支付给个人的物价补贴。如流动施工津贴、特殊地区施工津贴、高温（寒）作业临时津贴、高空津贴等。

(4) 加班加点工资。

(5) 特殊情况下支付的工资。

选项B、D属于企业管理费；选项E属于规费。

9.【答案】A
【解析】材料费是指施工过程中耗费的原材料、辅助材料、构配件、零件、半成品或成品、工程设备的费用。内容包括：
(1) 材料原价。
(2) 运杂费。
(3) 运输损耗费。
(4) 采购及保管费。
选项B、C属于施工机具使用费；选项D属于企业管理费。

10.【答案】B
【解析】施工机具使用费由施工机械使用费和施工仪器仪表使用费构成。其中，施工机械使用费包括折旧费、检修费、维护费、安拆费及场外运费、人工费、燃料动力费、其他费用。这里的人工费指机上司机（司炉）和其他操作人员的人工费。

11.【答案】ABCE
【解析】施工机械使用费以施工机械台班耗用量与施工机械台班单价的乘积表示。施工机械台班单价应由下列七项费用组成：
(1) 折旧费：是指施工机械在规定的使用年限内，陆续收回其原值的费用。
(2) 检修费：是指施工机械在规定的耐用总台班内，按规定的检修间隔进行必要的检修，以恢复其正常功能所需的费用。
(3) 维护费：是指施工机械在规定的耐用总台班内，按规定的维护间隔进行各级维护和临时故障排除所需的费用。包括为保障机械正常运转所需替换设备与随机配备工具附具的摊销和维护费用，机械运转中日常保养所需润滑与擦拭的材料费用及机械停滞期间的维护和保养费用等。
(4) 安拆费及场外运费：安拆费指施工机械（大型机械除外）在现场进行安装与拆卸所需的人工、材料、机械和试运转费用以及机械辅助设施的折旧、搭设、拆除等费用；场外运费指施工机械整体或分体自停放地点运至施工现场或由一施工地点运至另一施工地点的运输、装卸、辅助材料

及架线等费用。
(5) 人工费：是指机上司机（司炉）和其他操作人员的人工费。
(6) 燃料动力费：是指施工机械在运转作业中所消耗的各种燃料及水、电等产生的费用。
(7) 其他费用：是指施工机械按照国家规定应缴纳的车船税、保险费及检测费等。
选项D属于"按造价形成划分的建筑安装工程费用项目组成"的措施项目费。

12.【答案】D
【解析】施工机具使用费是指施工作业所发生的施工机械、仪器仪表使用费或其租赁费，由施工机械使用费和施工仪器仪表使用费构成。施工机械使用费中的其他费用是指施工机械按照国家规定应缴纳的车船税、保险费及检测费等。

13.【答案】A
【解析】劳动保护费是指企业按规定发放的劳动保护用品的支出。如工作服、手套、防暑降温饮料以及在有碍身体健康的环境中施工的保健费用等。劳动保护费属于企业管理费。选项B、C、D对应的三项费用应计入规费。

14.【答案】A
【解析】企业管理费包括：管理人员工资；办公费；差旅交通费；固定资产使用费；工具用具使用费；劳动保险和职工福利费；劳动保护费；检验试验费；工会经费；职工教育经费；财产保险费；财务费；税金；城市维护建设税；教育费附加；地方教育附加；其他管理费，包括技术转让费、技术开发费、投标费、业务招待费、绿化费、广告费、公证费、法律顾问费、审计费、咨询费、保险费等。选项A属于材料费。

15.【答案】D
【解析】劳动保护费是指企业按规定发放的劳动保护用品的支出。如工作服、手套、防暑降温饮料以及在有碍身体健康的环境中施工的保健费用等。劳动保护费属于企

业管理费。

16. 【答案】B

【解析】检验试验费是指对建筑以及材料、构件和建筑安装物进行一般鉴定、检查所发生的费用，包括自设试验室进行试验所耗用的材料等费用，属于企业管理费。

17. 【答案】D

【解析】劳动保护费是指企业按规定发放的劳动保护用品的支出。如工作服、手套、防暑降温饮料以及在有碍身体健康的环境中施工的保健费用等。劳动保护费属于企业管理费。

18. 【答案】C

【解析】财务费是指企业为施工生产筹集资金或提供预付款担保、履约担保、职工工资支付担保等所发生的各种费用。

19. 【答案】ABCD

【解析】企业管理费包括：管理人员工资；办公费；差旅交通费；固定资产使用费；工具用具使用费；劳动保险和职工福利费；劳动保护费；检验试验费；工会经费；职工教育经费；财产保险费；财务费；税金；城市维护建设税；教育费附加；地方教育附加；其他管理费，包括技术转让费、技术开发费、投标费、业务招待费、绿化费、广告费、公证费、法律顾问费、审计费、咨询费、保险费等。

20. 【答案】C

【解析】选项A正确，施工机具使用费是指施工作业所发生的施工机械、仪器仪表使用费或其租赁费。
选项B正确，选项C错误，材料费中包括材料原价、运杂费、运输损耗费、采购及保管费以及构成或计划构成永久工程一部分的机电设备、金属结构设备、仪器装置及其他类似的设备和装置费。
选项D正确，人工费是指按工资总额构成规定，支付给从事建筑安装工程施工的生产工人和附属生产单位工人的各项费用。

21. 【答案】C

【解析】规费是指按国家法律、法规规定，由省级政府和省级有关权力部门规定必须缴纳或计取的费用，由社会保险费、住房公积金和其他应列而未列入的规费构成。其中社会保险费包括养老保险费、失业保险费、医疗保险费、生育保险费、工伤保险费。

22. 【答案】D

【解析】规费是指按国家法律、法规规定，由省级政府和省级有关权力部门规定必须缴纳或计取的费用，由社会保险费、住房公积金和其他应列而未列入的规费构成。
（1）社会保险费：包括企业按照规定标准为职工缴纳的基本养老保险费、失业保险费、医疗保险费、生育保险费和工伤保险费。
（2）住房公积金：是指企业按规定标准为职工缴纳的住房公积金。
（3）其他应列而未列入的规费。

考点 5　建筑安装工程费（按造价形成划分）

1. 【答案】A

【解析】措施项目费包括：
（1）安全文明施工费。
（2）夜间施工增加费。
（3）二次搬运费。
（4）冬雨期施工增加费。
（5）已完工程及设备保护费。
（6）工程定位复测费。
（7）特殊地区施工增加费。
（8）大型机械设备进出场及安拆费。
（9）脚手架工程费等。
其中，已完工程及设备保护费是指竣工验收前，对已完工程及设备采取的必要保护措施所发生的费用。

2. 【答案】C

【解析】安全文明施工费包括环境保护费、文明施工费、安全施工费、临时设施费和建筑工人实名制管理费。

3. 【答案】A

【解析】建筑安装工程费按照工程造价形成由分部分项工程费、措施项目费、其他项目费、规费和税金组成。

4. 【答案】D

【解析】措施项目费是指为完成建设工程施工，发生于该工程施工前和施工过程中的技术、生活、安全、环境保护等方面的费用。内容包括：安全文明施工费、夜间施工增加费、二次搬运费、冬雨期施工增加费、已完工程及设备保护费、工程定位复测费、特殊地区施工增加费、大型机械设备进出场及安拆费、脚手架工程费等。选项A属于企业管理费；选项B、C属于其他项目费。

5. 【答案】ABCE

【解析】措施项目费是指为完成建设工程施工，发生于该工程施工前和施工过程中的技术、生活、安全、环境保护等方面的费用。内容包括：安全文明施工费、夜间施工增加费、二次搬运费、冬雨期施工增加费、已完工程及设备保护费、工程定位复测费、特殊地区施工增加费、大型机械设备进出场及安拆费、脚手架工程费等。选项D属于施工机具使用费。

6. 【答案】ACD

【解析】夜间施工增加费是指因夜间施工所发生的夜班补助费、夜间施工降效、夜间施工照明设备摊销及照明用电等费用。

7. 【答案】A

【解析】总承包服务费是指总承包人为配合、协调发包人进行的专业工程发包，对发包人自行采购的材料、工程设备等进行保管以及施工现场管理、竣工资料汇总整理等服务所需的费用。

8. 【答案】B

【解析】暂列金额是指发包人在工程量清单中暂定并包括在工程合同价款中的一笔款项。用于施工合同签订时尚未确定或者不可预见的所需材料、工程设备、服务的采购，施工中可能发生的工程变更、合同约定调整因素出现时的工程价款调整以及发生的索赔、现场签证确认等的费用。选项B属于其他项目费中的总承包服务费。

9. 【答案】AE

【解析】其他项目费包括暂列金额、计日工、总承包服务费。选项B属于规费；选项C属于措施项目费；选项D属于分部分项工程费。

10. 【答案】ABDE

【解析】社会保险费包括养老保险费、失业保险费、医疗保险费、生育保险费、工伤保险费。选项C属于企业管理费。

考点 6　工程建设其他费构成及计算

1. 【答案】A

【解析】选项A正确，新建项目的场地准备费和临时设施费应根据实际工程量估算，或按工程费用的比例计算。改扩建项目一般只计拆除清理费。

选项B错误，场地准备和临时设施费＝工程费用×费率＋拆除清理费。

选项C错误，工程准备费是指工程建设施工准备所发生的费用，包括场地准备费、临时设施费等，临时设施费是指建设单位为满足施工建设需要而提供的未列入工程费用的临时水、电、路、信、气、热等工程和临时仓库等建（构）筑物的建设、维修、拆除、摊销费用或租赁费用，以及货场、码头租赁等费用。

选项D错误，场地准备及临时设施费属于工程建设其他费。

2. 【答案】C

【解析】工程保险费是指在建设期内对建筑工程、安装工程和设备等进行投保而发生的费用。包括建筑安装工程一切险、工程质量保险、进口设备财产保险和人身意外伤害险等。

3. 【答案】D

【解析】工程保险费是指在建设期内对建筑工程、安装工程和设备等进行投保而发生的费用。包括建筑安装工程一切险、工程质量保险、进口设备财产保险和人身意外伤害险等。

4. 【答案】A

【解析】场地准备费是指为使工程项目的建设场地达到开工条件，由建设单位组织进行的场地平整等准备工作而发生的费用，属于工程建设其他费。

5. 【答案】B

【解析】工程建设其他费用中的研究试验费是指为建设工程项目提供和验证设计参数、数据、资料等进行必要的研究和试验，以及设计规定在施工中必须进行试验、验证所需的费用。

【知识点拨】注意与"检验试验费"进行区分。检验试验费属于按费用构成要素划分的建筑安装工程费用项目组成中企业管理费的内容。

6. 【答案】AD

【解析】联合试运转费是指新建或新增生产能力的工程项目，在交付生产前按照批准的设计文件规定的工程质量标准和技术要求，对整个生产线或装置进行负荷联合试运转所发生的费用净支出，包括试运转所需材料、燃料及动力消耗、低值易耗品、其他物料消耗、机械使用费、联合试运转人员工资、施工单位参加试运转人工费、专家指导费，以及必要的工业炉烘炉费。费用净支出是指试运转支出大于收入的差额部分费用。

7. 【答案】B

【解析】生产准备费是指在建设期内，建设单位为保证项目正常生产所做的提前准备工作发生的费用，包括人员培训、提前进厂费，以及投产使用必备的办公、生活家具用具及工器具等的购置费用。

（1）人员培训费：是指生产人员的培训费和学习资料费，以及异地培训发生的住宿费、伙食补助费、交通费等。

（2）生产人员提前进厂费：是指生产单位人员为熟悉工艺流程、设备性能、生产管理等，提前进厂参与工艺设备、电气、仪表安装调试等生产准备工作而发生的人工费等费用。

（3）办公及生活家具用具购置费：是指为保证建设项目初期正常生产（或营业、使用）所必须购置的办公、生活家具用具等费用。

（4）工器具购置费：是指为保证建设项目初期正常生产所必须购置的第一套不够固定资产标准的设备、仪器、工卡模具、器具等费用。

8. 【答案】B

【解析】在计算生产准备费时，新建项目按设计定员为基数计算，改扩建项目按新增设计定员为基数计算。

9. 【答案】C

【解析】生产准备费＝设计定员×生产准备费指标（元/人）。

考点 7 预备费计算

1. 【答案】BE

【解析】预备费由基本预备费和价差预备费构成。

2. 【答案】C

【解析】基本预备费是指在项目实施中可能发生难以预料的支出，需要预先预留的费用，又称不可预见费。主要指设计变更及施工过程中可能增加工程量的费用。

基本预备费计算公式为：

基本预备费＝（工程费用＋工程建设其他费用）×基本预备费费率

3. 【答案】A

【解析】价差预备费是指为在建设期内利率、汇率或价格等因素的变化而预留的可能增加的费用，亦称为价格变动不可预见费。

4. 【答案】D

【解析】价差预备费的计算基数是静态投资，包括工程费用、工程建设其他费用及基本预备费。

5. 【答案】C

【解析】预备费由基本预备费和价差预备费构成。基本预备费是指在项目实施中可能发生难以预料的支出，需要预先预留的费用，又称不可预见费。主要指设计变更及施工过程中可能增加工程量的费用。基本预备费计算公式为：基本预备费＝（工程费用＋工程建设其他费用）×基本预备费费率。价差预备费是指为在建设期内利率、汇率或价格等因素的变化而预留的可能增加的费用，亦称为价格变动不可预见费。价差预备费的内容包括：人工、设备、材料、施工机具的价差费，建筑安装工程费及工程建设其他费用调整，利率、汇率调整等增加的费用。

6. 【答案】C

   【解析】基本预备费＝（工程费用＋工程建设其他费用）×基本预备费费率＝（6000＋1000＋2000）×5％＝450（万元）。

7. 【答案】C

   【解析】$P = \sum_{t=1}^{n} I_t [(1+f)^m (1+f)^{0.5} (1+f)^{t-1} - 1]$。式中，$P$——价差预备费；$n$——建设期年份数；$I_t$——建设期第 t 年的投资计划额，包括工程费用、工程建设其他费用及基本预备费，即第 t 年的静态投资计划额；f——投资价格指数；t——建设期第 t 年；m——建设前期年限（从编制概算到开工建设年数）。

   该项目价差预备费＝10000×40％×[（1+6％）×(1+6％)^{0.5}－1]＋10000×60％×[（1+6％）×(1+6％)^{0.5}×(1+6％)－1]＝1306.2（万元）。

8. 【答案】C

   【解析】基本预备费＝（5000＋1000）×8％＝480（万元）；静态投资＝5000＋1000＋480＝6480（万元）；建设期第2年完成投资6480×50％＝3240（万元）；建设期第2年价差预备费＝3240×[(1+5％)^{0.5}×(1+5％)－1]＝246.01（万元）。

考点 8　增值税计算

1. 【答案】D

   【解析】准予抵扣的项目和扣除率的调整，由国务院决定。下列进项税额准予从销项税额中抵扣：

   （1）从销售方取得的增值税专用发票上注明的增值税额。

   （2）从海关取得的海关进口增值税专用缴款书上注明的增值税额。

   （3）购进农产品，除取得增值税专用发票或者海关进口增值税专用缴款书外，按照农产品收购发票或者销售发票上注明的农产品买价和9％的扣除率计算的进项税额，国务院另有规定的除外。进项税额计算公式：进项税额＝买价×扣除率。

   （4）自境外单位或者个人购进劳务、服务、无形资产或者境内的不动产，从税务机关或者扣缴义务人取得的代扣代缴税款的完税凭证上注明的增值税额。

   纳税人购进货物、劳务、服务、无形资产、不动产，取得的增值税扣税凭证不符合法律、行政法规或者国务院税务主管部门有关规定的，其进项税额不得从销项税额中抵扣。下列项目的进项税额不得从销项税额中抵扣：

   （1）用于简易计税方法计税项目、免征增值税项目、集体福利或者个人消费的购进货物、劳务、服务、无形资产和不动产。

   （2）非正常损失的购进货物，以及相关的劳务和交通运输服务。

   （3）非正常损失的在产品、产成品所耗用的购进货物（不包括固定资产）、劳务和交通运输服务。

   （4）国务院规定的其他项目。

2. 【答案】D

   【解析】选项A错误，一般纳税人发生应税行为适用一般计税方法计税，小规模纳税人发生应税行为适用简易计税方法计税。

   选项B错误，一般计税方法中，建筑业增值税税率为9％；简易计税方法中，建筑业增值税税率为3％。

   选项C错误，采用简易计税法时，税前造价包含增值税的进项税额。

3. 【答案】A

【解析】一般计税方法的应纳税额，按照建筑业增值税税率9%计算，其计算公式为：

增值税销项税额＝税前造价×9%

式中，税前造价为人工费、材料费、施工机具使用费、企业管理费、利润和规费之和，各费用项目均按不包含增值税可抵扣进项税额的价格计算。

考点 9　建设期利息

1. 【答案】B

【解析】建设期利息是指项目借款在建设期内发生并计入固定资产的利息。为了简化计算，在编制投资估算时通常假定借款均在每年的年中支用，借款第一年按半年计息，其余各年份按全年计息。计算公式为：建设期贷款利息＝（年初借款本息累计＋本年借款额/2）×年利率。

2. 【答案】B

【解析】第1年应计利息＝2000×0.5×10%＝100（万元）；第2年应计利息＝（2000＋100＋3000×0.5）×10%＝360（万元）；建设期贷款利息＝100＋360＝460（万元）。

3. 【答案】C

【解析】第1年应计利息＝4000/2×10%＝200（万元）；第2年应计利息＝（4000＋200＋2000/2）×10%＝520（万元）。

4. 【答案】B

【解析】第1年建设期利息＝3000/2×8%＝120（万元）；第2年建设期利息＝（3000＋120＋2000/2）×8%＝329.6（万元）；建设期贷款利息＝120＋329.6＝449.6（万元）。

考点 10　流动资金

1. 【答案】B

【解析】流动资金指为进行正常生产运营，用于购买原材料、燃料，支付工资及其他经营费用等所需的周转资金。在可行性研究阶段可根据需要计为全部流动资金，在初步设计及以后阶段根据需要计为铺底流动资金。铺底流动资金是指经营性建设项目为保证初期生产和经营正常进行所需的流动资金，并按规定在建设期列入建设项目总投资的流动资金，一般按全部流动资金的30%计算。

2. 【答案】C

【解析】流动资产＝应收账款＋预付账款＋存货＋库存现金，不是预收账款，选项C错误。

第十四章　工程计价依据

考点 1　工程定额的分类

1. 【答案】A

【解析】按生产要素分类，可以把工程定额分为人工消耗定额、材料消耗定额和施工机具消耗定额。选项B、C、D属于按编制用途分类。

2. 【答案】ABE

【解析】按生产要素分类，可以把工程定额分为人工消耗定额、材料消耗定额和施工机具消耗定额。

3. 【答案】ACE

【解析】按编制用途分类，可以把工程定额分为施工定额、预算定额、概算定额、概算指标和投资估算指标。

4. 【答案】B

【解析】选项A错误，人工消耗定额，简称人工定额，也可称为劳动定额，是指在正常的施工技术和组织条件下，完成一定数量的合格产品所规定的劳动消耗的数量标准。

选项B正确，企业定额是指由施工企业，根据企业的自身情况，包括人员素质、机械装备程度、技术和管理水平等编制的人工、材料和施工机械台班等的消耗标准。

选项C错误，预算定额是以合格分项工程和结构构件为对象，指在正常的施工条件下，完成一定计量单位的合格分项工程和结构构件所需消耗的人工、材料、施工机械台班数量及其费用标准。

选项D错误，建筑工程定额是建筑工程的

施工定额、预算定额、概算定额和概算指标的统称。建筑工程一般是指建筑物、构筑物及与其配套的线路、管道等的建造、装饰等工程。建筑工程定额如：建筑及装饰工程定额、房屋修缮工程定额、市政工程定额等。

5. 【答案】B

【解析】施工定额是以同一性质的施工过程（工序）为对象，指在正常的施工条件下，完成一定计量单位的工序所需消耗的人工、材料、施工机械台班数量及其费用标准。施工定额是工程定额中分项最细、定额子目最多的一种定额，也是工程定额中的基础性定额。施工定额是施工企业（建筑安装企业）为组织生产和加强管理在企业内部使用的一种定额，属于企业定额的性质，是施工企业管理工作的基础。

6. 【答案】A

【解析】施工定额是以同一性质的施工过程（工序）为对象，指在正常的施工条件下，完成一定计量单位的工序所需消耗的人工、材料、施工机械台班数量及其费用标准。

7. 【答案】D

【解析】投资估算指标是以建设项目、单项工程、单位工程为对象，反映其建设总投资及其各项费用构成的经济指标。投资估算指标也是一种计价定额，基本反映建设项目、单项工程、单位工程的相应费用指标，也可以反映其人工、材料、机具消耗量，包括建设项目综合估算指标、单项工程估算指标和单位工程估算指标。投资估算指标主要用于编制投资估算。

8. 【答案】B

【解析】概算定额一般以预算定额为基础综合扩大编制而成，主要用于设计概算的编制。

9. 【答案】A

【解析】施工定额是以同一性质的施工过程（工序）为对象，指在正常的施工条件下，完成一定计量单位的工序所需消耗的人工、材料、施工机械台班数量及其费用标准。施

工定额是工程定额中分项最细、定额子目最多的一种定额，也是工程定额中的基础性定额。施工定额是施工企业（建筑安装企业）为组织生产和加强管理在企业内部使用的一种定额，属于企业定额的性质，是施工企业管理工作的基础。

10. 【答案】ABCE

【解析】施工定额是施工企业（建筑安装企业）为组织生产和加强管理在企业内部使用的一种定额，属于企业定额的性质，是施工企业管理工作的基础。施工定额是施工企业编制施工组织设计和施工工作计划的依据；是组织和指挥施工生产的有效工具，企业通过下达施工任务书和限额领料单来实现组织管理和指挥施工生产；是编制施工预算，加强企业成本管理和经济核算的基础；是计算工人劳动报酬的依据，工人的劳动报酬是根据工人劳动的数量和质量来计量的，而施工定额为此提供了一个衡量标准，是计算工人计件工资的基础，也是计算奖励工资的基础；施工定额有利于推广先进技术，施工定额水平中包含某些已成熟的先进施工技术和经验，工人要达到或超过定额，就必须掌握和运用这些先进技术，如果工人想大幅度超过定额，就必须创造性地劳动。

考点 2 人工定额的确定方法

1. 【答案】D

【解析】技术测定法是根据生产技术和施工组织条件，对施工过程中各工序采用测时法、写实记录法、工作日写实法，测出各工序的工时消耗等资料，再对所获得的资料进行科学的分析，制定出人工定额的方法。

2. 【答案】A

【解析】统计分析法简单易行，适用于施工条件正常、产品稳定、工序重复量大和统计工作制度健全的施工过程。但是，过去的记录只是实耗工时，不反映生产组织和技术的状况。

3. 【答案】C

【解析】对于同类型产品规格多、工序重复、工作量小的施工过程，常用比较类推法。采用此法制定定额是以同类型工序和同类型产品的实耗工时为标准，类推出相似项目定额水平的方法。此法必须掌握类似的程度和各种影响因素的异同程度。

4. 【答案】D

【解析】根据定额专业人员、经验丰富的工人和施工技术人员的实际工作经验，参考有关定额资料，对施工管理组织和现场技术条件进行调查、讨论和分析制定定额的方法，叫作经验估计法。经验估计法通常作为一次性定额使用。

5. 【答案】ACDE

【解析】制定人工定额常用的方法有四种：
(1) 技术测定法。
(2) 统计分析法。
(3) 比较类推法。
(4) 经验估计法。

考点 3　工人工作时间消耗分类

1. 【答案】D

【解析】工作结束后的整理工作时间属于有效工作时间，应计入人工定额。

2. 【答案】B

【解析】施工本身造成的停工时间，是由于施工组织不善、材料供应不及时、工作面准备工作做得不好、工作地点组织不良等情况引起的停工时间。

3. 【答案】D

【解析】必需消耗的工作时间，包括有效工作时间、休息时间和不可避免的中断时间。选项D属于损失时间。

4. 【答案】CD

【解析】工人在工作班内消耗的工作时间，按其消耗的性质，基本可以分为两大类：必需消耗的时间和损失的时间。必需消耗的时间，包括有效工作时间、休息时间和不可避免的中断时间；损失时间中包括多余和偶然工作、停工、违背劳动纪律所引起的损失时间。多余工作不应计入定额时间中；偶然工作能获得一定产品，拟定定额时要适当考虑它的影响；停工时间按其性质可分为施工本身造成的停工时间和非施工本身造成的停工时间，前一种在拟定定额时不应该计算，后一种情况定额中应给予合理的考虑。选项A、B、E均属于损失时间。其中选项A、B为施工本身造成的停工时间，定额中不予考虑；选项E，违背劳动纪律造成的工作时间损失在定额中是不能考虑的。

5. 【答案】ABDE

【解析】损失时间中包括多余和偶然工作、停工、违背劳动纪律所引起的损失时间。其中，多余工作的工时损失，一般都是由于工程技术人员和工人的差错而引起的。施工本身造成的停工时间，是由于施工组织不善、材料供应不及时、工作面准备工作做得不好、工作地点组织不良等情况引起的停工时间。违背劳动纪律造成的工作时间损失，是指工人在工作班开始和午休后的迟到、午饭前和工作班结束前的早退、擅自离开工作岗位、工作时间内聊天或办私事等造成的工时损失。选项C为不可避免的中断时间，属于必需消耗的时间。

6. 【答案】ABC

【解析】有效工作时间是从生产效果来看与产品生产直接有关的时间消耗。包括基本工作时间、辅助工作时间、准备与结束工作时间。

考点 4　材料定额消耗量的确定

1. 【答案】B

【解析】定额中周转材料消耗量指标，应当用一次使用量和摊销量两个指标表示。一次使用量是指周转材料在不重复使用时的一次使用量，供施工企业组织施工用。摊销量是指周转材料退出使用，应分摊到每一计量单位的结构构件的周转材料消耗量，供施工企业成本核算或投标报价使用。

2. 【答案】AC

【解析】定额中周转材料消耗量指标,应当用一次使用量和摊销量两个指标表示。

3. 【答案】B

【解析】选项A错误,周转性材料指在施工过程中多次使用、周转的工具性材料,如钢筋混凝土工程用的模板,搭设脚手架用的杆子、跳板,挖土方工程用的挡土板等。

选项B正确,定额中周转材料消耗量指标,应当用一次使用量和摊销量两个指标表示。

选项C错误,一次使用量是指周转材料在不重复使用时的一次使用量,供施工企业组织施工用;摊销量是指周转材料退出使用,应分摊到每一计量单位的结构构件的周转材料消耗量,供施工企业成本核算或投标报价使用。

选项D错误,周转性材料消耗一般与下列四个因素有关:

(1) 第一次制造时的材料消耗(一次使用量)。

(2) 每周转使用一次材料的损耗(第二次使用时需要补充)。

(3) 周转使用次数。

(4) 周转材料的最终回收及其回收折价。

4. 【答案】ABCD

【解析】周转性材料消耗一般与下列四个因素有关:

(1) 第一次制造时的材料消耗(一次使用量)。

(2) 每周转使用一次材料的损耗(第二次使用时需要补充)。

(3) 周转使用次数。

(4) 周转材料的最终回收及其回收折价。

5. 【答案】BCDE

【解析】定额中周转材料消耗量指标,应当用一次使用量和摊销量两个指标表示。一次使用量是指周转材料在不重复使用时的一次使用量,供施工企业组织施工用(选项A错误);摊销量是指周转材料退出使用,应分摊到每一计量单位的结构构件

消耗量,供施工企业成本核算或投标报价使用。周转性材料消耗一般与下列四个因素有关:

(1) 第一次制造时的材料消耗(一次使用量)。

(2) 每周转使用一次材料的损耗(第二次使用时需要补充)。

(3) 周转使用次数。

(4) 周转材料的最终回收及其回收折价。

考点 5 机械工作时间消耗的分类

1. 【答案】B

【解析】低负荷下的工作时间,是由于工人或技术人员的过错所造成的施工机械在降低负荷的情况下工作的时间。例如,工人装车的砂石数量不足引起的汽车在降低负荷的情况下工作所延续的时间。此项工作时间不能作为计算时间定额的基础。

2. 【答案】C

【解析】机械的多余工作时间,是机械进行任务内和工艺过程内未包括的工作而延续的时间,如工人没有及时供料而使机械空运转的时间。

3. 【答案】C

【解析】有根据地降低负荷下的工作时间,是指在个别情况下由于技术上的原因,机械在低于其计算负荷下工作的时间。例如,汽车运输重量轻而体积大的货物时,不能充分利用汽车的载重吨位因而不得不降低其计算负荷。

4. 【答案】B

【解析】不可避免的无负荷工作时间,是指由施工过程的特点和机械结构的特点造成的机械无负荷工作时间。例如,筑路机在工作区末端调头等,即属于此项工作时间的消耗。

5. 【答案】A

【解析】机械台班的必需消耗的工作时间包括有效工作时间、不可避免的无负荷工作时间和不可避免的中断工作时间。筑路机在工

作区末端调头消耗的时间应计入不可避免的无负荷工作时间。

6.【答案】CDE

【解析】在必需消耗的工作时间里，包括有效工作、不可避免的无负荷工作和不可避免的中断三项时间消耗。而在有效工作的时间消耗中又包括正常负荷下、有根据地降低负荷下的工时消耗。

考点 6 人工、材料与施工机具台班单价的确定

1.【答案】B

【解析】选项A错误，日工资单价是指施工企业平均技术熟练程度的生产工人在每工作日（国家法定工作时间内）按规定从事施工作业应得的日工资总额。

选项B正确，确定日工资单价应根据工程项目的技术要求，通过市场调查，参考实物工程量人工单价综合分析确定。

选项C错误，最低日工资单价不得低于工程所在地人力资源和社会保障部门所发布的最低工资标准的：普工1.3倍；一般技工2倍；高级技工3倍。

选项D错误，工程计价定额不可只列一个综合工日单价，应根据工程项目技术要求和工种差别适当划分多种日人工单价，确保各分部工程人工费的合理构成。

2.【答案】D

【解析】材料单价＝（材料原价＋运杂费）×[1＋运输损耗率（%）]×[1＋采购保管费率（%）]＝（3000＋3000×5%）×（1＋1%）×（1＋2%）＝3245.13（元/吨）。

3.【答案】C

【解析】材料单价＝（材料原价＋运杂费）×[1＋运输损耗率（%）]×[1＋采购保管费率（%）]＝（5000＋5000×4%）×（1＋2%）×（1＋1%）＝5357.04（元/吨）。

4.【答案】B

【解析】台班检修费＝一次检修费×检修次数/耐用总台班数×除税系数＝180000×3/（10×250）×1＝216（元）。

5.【答案】A

【解析】耐用总台班数＝折旧年限×年工作台班＝10×230＝2300（台班）；台班折旧费＝机械预算价格×（1－残值率）/耐用总台班数＝3000000×（1－5%）/（230×10）＝1239（元）。

考点 7 预算定额及其基价

1.【答案】D

【解析】人工消耗量包括基本用工、超运距用工、辅助用工和人工幅度差用工，其中人工幅度差用工数量＝∑（基本用工＋超运距用工＋辅助用工）×人工幅度差系数，则该分项工程单位人工消耗量＝（20＋3＋2）×（1＋10%）＝27.5（工日）。

2.【答案】AB

【解析】人工幅度差用工，指施工定额中未包括的，而在一般正常施工情况下又不可避免的一些零星用工。人工幅度差用工包括：各种专业工种之间的工序搭接及土建工程与安装工程的交叉、配合中不可避免的停歇时间；施工机械在场内单位工程之间变换位置及在施工过程中移动临时水电线路引起的临时停水、停电所发生的不可避免的间歇时间；施工过程中的水电维修用工；隐蔽工程验收等工程质量检查影响的操作时间；现场内单位工程之间操作地点转移影响的操作时间；施工过程中工种之间交叉作业造成的不可避免的剔凿、修复、清理等用工；施工过程中不可避免地直接少量零星用工。

3.【答案】C

【解析】人工幅度差用工数量＝∑（基本用工＋超运距用工＋辅助用工）×人工幅度差系数＝（4.2＋0.3＋1）×10%＝0.55（工日）。

4.【答案】D

【解析】人工幅度差＝（基本用工＋辅助用工＋超运距用工）×人工幅度差系数＝（22＋6＋3）×12%＝3.72（工日/10m³）；预算定额人工工日消耗量＝基本用工＋辅助

用工＋超运距用工＋人工幅度差＝22＋6＋3＋3.72＝34.72（工日/10m³）。

5. 【答案】BCD

【解析】其他用工是辅助基本用工消耗的工日，包括超运距用工、辅助用工和人工幅度差用工。选项A、E属于基本用工。

6. 【答案】B

【解析】辅助用工是指材料需在现场加工的用工，如筛砂子、淋石灰膏等增加的用工量。选项A、C、D属于人工幅度差的内容。

7. 【答案】ADE

【解析】机械幅度差是指在施工定额中未曾包括的，而机械在合理的施工组织条件下所必需的停歇时间，在编制预算定额时应予以考虑。其内容包括：施工机械转移工作面及配套机械互相影响损失的时间；在正常的施工情况下，机械施工中不可避免的工序间歇；检查工程质量影响机械操作的时间；临时水、电线路在施工中移动位置所发生的机械停歇时间；工程结尾时，工作量不饱满所损失的时间。

<h3>考点 8　工程造价指标与指数</h3>

【答案】ABDE

【解析】工程造价指标的应用如下：

（1）作为国家、地方、行业，以及企业编制固定资产投资计划、确定基本建设投资规模的参考依据。

（2）用作编制建设项目投资估算的重要依据。

（3）用作编制初步设计概算和审查施工图预算的重要依据。

（4）用作编制最高投标限价和投标报价的参考资料。

（5）用作编制和修订各类工程计价定额的基础资料。

（6）用以测定调价系数、编制造价指数的依据。

（7）用作技术经济分析与研究的基础资料。

第十五章　设计概算与施工图预算

<h3>考点 1　设计概算的编制</h3>

1. 【答案】B

【解析】设计概算在建设项目管理中发挥着以下重要作用：

（1）设计概算是固定资产投资管理的依据。

（2）设计概算是衡量设计方案技术经济合理性和选择最佳设计方案的依据。

（3）设计概算是控制项目施工图设计和施工图预算的依据。

（4）设计概算是项目在初步设计阶段进行工程总承包招标投标时编制最高投标限价（或标底）和投标报价的参考依据。

2. 【答案】B

【解析】设计概算编制程序：收集原始资料→确定有关数据→各项费用计算→单位工程概算书编制→单项工程综合概算书编制→建设项目总概算的编制。

<h3>考点 2　单位工程概算的编制方法</h3>

1. 【答案】B

【解析】单位工程概算按其工程性质可分为建筑工程概算和设备及安装工程概算两大类。建筑工程概算包括土建工程概算、给排水采暖工程概算、通风空调工程概算、电气照明工程概算、弱电工程概算、特殊构筑物工程概算等；设备及安装工程概算包括机械设备及安装工程概算、电气设备及安装工程概算、热力设备及安装工程概算、工器具及生产家具购置费概算等。

2. 【答案】D

【解析】设计概算应按逐级汇总进行编制，总概算应以综合概算为基础进行编制，综合概算应以单位建筑工程概算和单位设备及安装工程概算为基础进行编制。设计概算可分为单位工程概算、单项工程综合概算和建设工程项目总概算三级。当只有一个单项工程的建设项目时，应采用二级形式编制设计概算；当包含两个及以上单项工程的建设项目时，应采用三级编制形式。

3. 【答案】A

【解析】建筑工程概算包括土建工程概算、给排水采暖工程概算、通风空调工程概算、电气照明工程概算、弱电工程概算、特殊构筑物工程概算等；设备及安装工程概算包括机械设备及安装工程概算、电气设备及安装工程概算、热力设备及安装工程概算、工器具及生产家具购置费概算等。

4. 【答案】D

【解析】在初步设计、方案设计或概念性设计深度不够，单位工程或分部分项工程量无法准确提供或计算，行业和地方对应概算定额资料不足的条件下，而工程设计采用的技术比较成熟，已有平台数据库在建设地点、工程特征和结构特征、建设规模等类似的单位工程概算指标和分部分项工程概算指标时，可以采用概算指标法编制设计概算。

5. 【答案】D

【解析】概算定额法又叫扩大单价法或扩大结构定额法。单位建筑工程概算应按概算定额的分部分项工程项目划分，计算工程量，套用相应的概算定额子目，分别计算各个单位工程中的建筑工程费。一般对建设项目中占投资比例大的主体工程或主要生产设施的概算编制采用概算定额法。该方法要求初步设计达到一定深度，建筑结构比较明确时方可采用。

6. 【答案】B

【解析】类似工程预算法是利用技术条件与设计对象相类似的已完工程或在建工程的工程造价资料来编制拟建工程设计概算的方法。该方法适用于拟建工程初步设计与已完工程或在建工程的设计相类似且没有可用的概算指标的情况，但必须对建筑结构差异和价差进行调整。

7. 【答案】ACD

【解析】单位建筑工程概算的常用编制方法有概算定额法、概算指标法、类似工程预算法。

8. 【答案】C

【解析】结构变化修正概算指标（元/m²）$= J + Q_1 P_1 - Q_2 P_2 = 436 + 50.2 \times 0.81 - 9.5 \times 0.85 = 468.59$（元/m²）。

9. 【答案】A

【解析】调整概算指标中的每 $1m^2$（$1m^3$）造价＝原概算指标（人、料、机费用指标）＋概算指标换入的量×单价－概算指标换出的量×单价，则该新建项目修正概算指标＝$1000 + 200 \times 62/100 - 180 \times 47/100 = 1039.40$（元/m²）。

10. 【答案】A

【解析】单位设备安装工程概算的编制方法有预算单价法、扩大单价法、概算指标法。类似工程预算法属于单位建筑工程概算编制方法。

11. 【答案】D

【解析】概算指标形式较多，概括起来主要可按以下几种指标进行计算：

（1）按占设备价值的百分比（安装费费率）的概算指标计算。

（2）按每吨设备安装费的概算指标计算。

（3）按座、台、套、组、根或功率等为计量单位的概算指标计算。

（4）按设备安装工程每平方米建筑面积的概算指标计算。

12. 【答案】A

【解析】设备安装费＝设备原价×设备安装费费率＝$50 \times 4 \times 20\% = 40$（万元）。

13. 【答案】ACDE

【解析】概算指标形式较多，概括起来主要可按下列几种指标进行计算：

（1）按占设备价值的百分比（安装费费率）的概算指标计算。设备安装费＝设备原价×设备安装费费率。

（2）按每吨设备安装费的概算指标计算。设备安装费＝设备总吨数×每吨设备安装费（元/吨）。

(3) 按座、台、套、组、根或功率等为计量单位的概算指标计算。

(4) 按设备安装工程每平方米建筑面积的概算指标计算。设备安装工程有时可按不同的专业内容（如通风、动力、管道等）采用每平方米建筑面积的安装费用概算指标计算安装费。

考点 3　单项工程综合概算的编制方法

【答案】ABD

【解析】单项工程综合概算是确定一个单项工程所需建设费用的文件，是由该单项工程所包含的单位建筑工程概算表和单位设备及安装工程概算表为基础汇总编制而成的单项工程综合概算表及说明，是建设工程项目总概算的组成部分。单项工程综合概算包括建筑单位工程概算和设备及安装单位工程概算。建筑单位工程概算包括一般土建工程概算、给排水采暖工程概算、通风空调工程概算、电气照明工程概算、弱电工程概算、特殊构筑物工程概算等；设备及安装单位工程概算包括机械设备及安装工程概算、电气设备及安装工程概算、热力设备及安装工程概算、工器具及生产家具购置费概算等。

考点 4　总概算的编制方法

【答案】B

【解析】该项目的总概算价值＝工程费用＋其他费用＋预备费＋建设期利息＋铺底流动资金－回收金额＝5800＋1300＋300＋350＋700－200－50＝8200（万元）。

考点 5　施工图预算的作用

1.【答案】ACD

【解析】施工图预算对建设单位的作用如下：
(1) 施工图预算是施工图设计阶段确定建设项目投资的依据。
(2) 施工图预算是建设单位在施工期间安排建设资金计划和使用建设资金的依据。
(3) 施工图预算是确定项目最高投标限价的参考依据。在设置最高投标限价的情况下，建筑安装工程的最高投标限价可参考施工图预算来确定。最高投标限价通常是在施工图预算的基础上考虑工程的特殊施工措施、工程质量要求、目标工期、招标工程范围以及自然条件等因素进行编制的。
(4) 施工图预算可以作为确定合同价款、拨付工程进度款及办理工程结算的基础。

2.【答案】BC

【解析】施工图预算对施工单位的作用如下：
(1) 施工图预算是确定投标报价的参考依据。施工单位需要参考施工图预算造价，结合企业的投标策略，确定投标报价。
(2) 施工图预算是施工单位进行施工准备的依据，是施工单位在施工前组织材料、机具、设备及劳动力供应的重要参考，是施工单位编制进度计划、统计完成工作量、进行经济核算的参考依据。施工图预算的工、料、机分析，为施工单位材料购置、劳动力及机具和设备的配备提供参考。
(3) 施工图预算是施工企业控制工程成本的依据。参考施工图预算确定的中标价格是施工企业收取工程款的依据，企业只有合理利用各项资源，采取先进技术和管理方法，将成本控制在施工图预算价格以内，才能获得较好的经济效益。
(4) 施工企业可以通过施工图预算和施工预算的对比分析，找出差距，采取必要的措施。

3.【答案】ABDE

【解析】选项A、B、E属于施工图预算对施工单位的作用，选项D属于施工图预算对工程造价管理部门的作用。选项C错误，设计概算是固定资产投资管理的依据。

考点 6　施工图预算的编制方法

1.【答案】ABC

【解析】单位工程预算的编制方法有实物法、定额单价法和工程量清单单价法。

2.【答案】B

【解析】定额单价法编制施工图预算的基本步骤如下:
(1) 准备资料,熟悉施工图纸。
(2) 计算工程量。
(3) 套用定额单价,计算人、料、机费用。
(4) 编制工料分析表。
(5) 按计价程序计取其他费用,并汇总造价。
(6) 复核。
(7) 编制说明、填写封面。

3. 【答案】C
【解析】定额单价法编制施工图预算的基本步骤如下:
(1) 准备资料,熟悉施工图纸。
(2) 计算工程量。
(3) 套用定额单价,计算人、料、机费用。
(4) 编制工料分析表。
(5) 按计价程序计取其他费用,并汇总造价。
(6) 复核。
(7) 编写说明、填写封面。

4. 【答案】D
【解析】定额单价法编制施工图预算的基本步骤如下:
(1) 准备资料,熟悉施工图纸。
(2) 计算工程量。
(3) 套用定额单价,计算人、料、机费用。
(4) 编制工料分析表。
(5) 按计价程序计取其他费用,并汇总造价。
(6) 复核。
(7) 编制说明、填写封面。

5. 【答案】C
【解析】采用定额单价法编制施工图预算,计算人、料、机费用时需注意以下几项内容:
(1) 分项工程的名称、规格、计量单位与定额单价中所列内容完全一致时,可以直接套用定额单价。
(2) 分项工程的主要材料品种与定额单价中规定材料不一致时,不可以直接套用定额单价,需要按实际使用材料价格换算定额单价。
(3) 分项工程施工工艺条件与定额单价不一致而造成人工、机械的数量增减时,一般调量不换价。
(4) 分项工程不能直接套用定额、不能换算和调整时,应编制补充定额单价。

6. 【答案】D
【解析】采用定额单价法编制施工图预算,计算人、料、机费用时需注意以下几项内容:
(1) 分项工程的名称、规格、计量单位与定额单价中所列内容完全一致时,可以直接套用定额单价。
(2) 分项工程的主要材料品种与定额单价中规定材料不一致时,不可以直接套用定额单价,需要按实际使用材料价格换算定额单价。
(3) 分项工程施工工艺条件与定额单价不一致而造成人工、机械的数量增减时,一般调量不换价。
(4) 分项工程不能直接套用定额、不能换算和调整时,应编制补充定额单价。

7. 【答案】B
【解析】采用实物量法编制施工图预算的步骤具体如下:
(1) 准备资料,熟悉施工图纸。
(2) 计算工程量。
(3) 套用消耗定额,计算人、料、机消耗量。
(4) 计算并汇总人工费、材料费、施工机械使用费。
(5) 计算其他各项费用,汇总造价。
(6) 复核。
(7) 编制说明、填写封面。

8. 【答案】D
【解析】采用实物量法编制施工图预算的步骤具体如下:
(1) 准备资料,熟悉施工图纸。

(2) 计算工程量。
(3) 套用消耗定额，计算人、料、机消耗量。
(4) 计算并汇总人工费、材料费、施工机械使用费。
(5) 计算其他各项费用，汇总造价。
(6) 复核。
(7) 编制说明、填写封面。

9.【答案】D
【解析】实物量法编制施工图预算所用人工、材料和机具台班的单价都是当时当地的实际价格，编制出的预算可较准确地反映实际水平，误差较小，适用于市场经济条件波动较大的情况。

10.【答案】C
【解析】实物量法编制施工图预算的步骤与定额单价法基本相似，但在具体计算人工费、材料费和机具使用费及汇总三种费用之和时有一定区别。定额单价法是套用定额单价，计算人、料、机费。实物量法是套用消耗定额，计算人工、材料、机械台班消耗量。

考点 7 设计概算的审查方法

1.【答案】C
【解析】查询核实法是对一些关键设备和设施、重要装置、引进工程图纸不全、难以核算的较大投资进行多方查询核对，逐项落实的方法。

2.【答案】D
【解析】设计概算审查的方法包括：①对比分析法；②查询核实法；③联合会审法。选项D属于施工图预算审查的方法。

3.【答案】C
【解析】设计概算审查的方法包括：①对比分析法；②查询核实法；③联合会审法。其中，对比分析法主要是指通过建设规模、标准与立项批文对比，工程数量与设计图纸对比，综合范围、内容与编制方法、规定对比，各项取费与规定标准对比，材料、人工

单价与统一信息对比，技术经济指标与同类工程对比等。通过以上对比分析，容易发现设计概算存在的主要问题和偏差。

考点 8 施工图预算的审查方法

1.【答案】D
【解析】对比审查法是当工程条件相同时，用已完工程的预算或未完但已经过审查修正的工程预算对比审查拟建工程的同类工程预算的一种方法。采用该方法一般须符合下列条件：
(1) 拟建工程与已完或在建工程预算采用同一施工图，但基础部分和现场施工条件不同，则相同部分可采用对比审查法。
(2) 工程设计相同，但建筑面积不同，两项工程的建筑面积之比与两项工程各分部分项工程量之比大体一致。此时可按分项工程量的比例，审查拟建工程各分部分项工程的工程量，或用两项工程每平方米建筑面积造价、每平方米建筑面积的各分部分项工程量对比进行审查。
(3) 两项工程面积相同，但设计图纸不完全相同，则相同的部分，如厂房中的柱子、屋架、屋面、砖墙等，可进行工程量的对照审查。对不能对比的分部分项工程可按图纸计算。

2.【答案】A
【解析】全面审查法又称逐项审查法，即按定额顺序或施工顺序，对各项工程细目逐项全面详细审查的一种方法。其优点是全面、细致，审查质量高、效果好。

3.【答案】AE
【解析】重点审查法是抓住施工图预算中的重点进行审核的方法。其优点是突出重点，审查时间短、效果好。选项A属于标准预算审查法的优点；选项E属于全面审查法的优点。

4.【答案】A
【解析】标准预算审查法就是对利用标准图纸或通用图纸施工的工程，先集中力量编制

标准预算，以此为准来审查工程预算的一种方法。标准预算审查法的优点是时间短、效果好、易定案。其缺点是适用范围小，仅适用于采用标准图纸的工程。

分组计算审查法的特点是审查速度快、工作量小。

全面审查法又称逐项审查法，其优点是全面、细致，审查质量高、效果好。缺点是工作量大，时间较长。

筛选审查法的优点是简单易懂，便于掌握，审查速度快，便于发现问题。但问题出现的原因尚需继续审查。该方法适用于审查住宅工程或不具备全面审查条件的工程。

5. 【答案】C

【解析】施工图预算的审查可采用全面审查法、标准预算审查法、分组计算审查法、对比审查法、筛选审查法、重点审查法、分解对比审查法等。其中，筛选审查法适用于审查住宅工程或不具备全面审查条件的工程。

6. 【答案】A

【解析】分组计算审查法就是把预算中有关项目按类别划分若干组，利用同组中的一组数据审查分项工程量的一种方法。这种方法首先将若干分部分项工程按相邻且有一定内在联系的项目进行编组，利用同组分项工程间具有相同或相近计算基数的关系，审查一个分项工程数据，由此判断同组中其他几个分项工程的准确程度。如一般的建筑工程中将底层建筑面积可编为一组。先计算底层建筑面积或楼（地）面面积，从而得知楼面找平层、天棚抹灰的工程量等，依次类推。该方法的特点是审查速度快、工作量小。

7. 【答案】BCD

【解析】对比审查法是指当工程条件相同时，用已完工程（或虽然未完成，但已经过审查修正的工程）预算对比审查拟建工程的同类工程预算的方法。

标准预算审查法就是对利用标准图纸或通用图纸施工的工程，先集中力量编制标准预算，以此为准来审查工程预算的一种

标准预算审查法的优点是时间短、效果好、易定案。其缺点是适用范围小，仅适用于采用标准图纸的工程。

分组计算审查法就是把预算中有关项目按类别划分若干组，利用同组中的一组数据审查分项工程量的一种方法。该方法特点是审查速度快、工作量小。

筛选审查法是能较快发现问题的一种方法。筛选法的优点是简单易懂，便于掌握，审查速度快，便于发现问题。但问题出现的原因尚需继续审查。该方法适用于审查住宅工程或不具备全面审查条件的工程。

全面审查法又称逐项审查法，其优点是全面、细致，审查质量高、效果好。

重点审查法的优点是突出重点，审查时间短、效果好。

第十六章 工程量清单计价

考点 1 工程量清单的作用

1. 【答案】ABDE

【解析】工程量清单是指建设工程的分部分项工程项目、措施项目、其他项目、规费项目和税金项目的名称和相应数量等的明细清单。

2. 【答案】A

【解析】工程量清单的主要作用如下：
（1）工程量清单为投标人的投标竞争提供了一个平等和共同的基础。
（2）工程量清单是建设工程计价的依据。
（3）工程量清单是工程付款和结算的依据。
（4）工程量清单是调整工程价款、处理工程索赔的依据。

【知识点拨】工程量清单是工程量清单计价的基础，贯穿于建设工程的发承包阶段和施工阶段，是编制最高投标限价、投标报价、计算工程量、支付工程款、调整合同价款、办理竣工结算以及工程索赔等的依据。

考点 2 工程量清单计价

1. 【答案】CE

【解析】综合单价＝人工费＋材料费＋施工机具使用费＋管理费＋利润；全费用综合单价＝人工费＋材料费＋施工机具使用费＋管理费＋利润＋规费＋税金。根据这两个公式可知，全费用综合单价比综合单价的内容多的是规费和税金，选项C、E正确。

2.【答案】ABE
【解析】工程量清单计价主要有三种形式：①工料单价法；②综合单价法；③全费用综合单价法。
工料单价＝人工费＋材料费＋施工机具使用费。
综合单价＝人工费＋材料费＋施工机具使用费＋管理费＋利润。
全费用综合单价＝人工费＋材料费＋施工机具使用费＋管理费＋利润＋规费＋税金。
所以，三种方法均包含的内容有人工费、材料费和施工机具使用费。

3.【答案】BE
【解析】选项B错误，单位工程报价＝分部分项工程费＋措施项目费＋其他项目费＋规费＋税金。
选项E错误，总造价＝∑单项工程报价。

考点 3 工程量清单编制

1.【答案】A
【解析】招标工程量清单必须作为招标文件的组成部分，由招标人提供、并对其准确性和完整性负责。工程量清单应由具有编制能力的招标人或受其委托的工程造价咨询人编制。

2.【答案】ABCD
【解析】招标工程量清单编制的依据包括：
(1)《建设工程工程量清单计价规范》(GB 50500—2013)和相关工程的国家工程量计算标准。
(2) 省级、行业建设主管部门颁发的工程量计量计价规定。
(3) 拟定的招标文件及相关资料。
(4) 建设工程设计文件及相关资料。

(5) 与建设工程有关的标准、规范、技术资料。
(6) 施工现场情况、地勘水文资料、工程特点及合理的施工方案。
(7) 其他相关资料。

考点 4 分部分项工程项目清单编制

1.【答案】C
【解析】项目编码是分部分项工程和措施项目清单名称的阿拉伯数字标识。分部分项工程量清单项目编码分五级设置，用12位阿拉伯数字表示。其中1、2位为相关工程国家计量规范代码，3、4位为专业工程顺序码，5、6位为分部工程顺序码，7～9位为分项工程项目名称顺序码，10～12位为清单项目编码。

2.【答案】A
【解析】项目编码是分部分项工程和措施项目清单名称的阿拉伯数字标识。分部分项工程量清单项目编码分五级设置，用12位阿拉伯数字表示。其中1、2位为相关工程国家计量规范代码，3、4位为专业工程顺序码，5、6位为分部工程顺序码，7～9位为分项工程项目名称顺序码，10～12位为清单项目编码。

3.【答案】A
【解析】分部分项工程量清单的项目名称应根据《计量规范》的项目名称结合拟建工程的实际确定。《计量规范》中规定的"项目名称"为分项工程项目名称，一般以工程实体命名。编制工程量清单时，应以附录中的项目名称为基础，考虑该项目的规格、型号、材质等特征要求，并结合拟建工程的实际情况，对其进行适当的调整或细化，使其能够反映影响工程造价的主要因素。

4.【答案】B
【解析】编制工程量清单时如果出现《计量规范》附录中未包括的项目，编制人应做补充，并报省级或行业工程造价管理机构备案。补充项目的编码由对应计量规范的代码 X（即 01～09）与字母 B 和三位阿拉伯数字组成，并应从 XB001 起顺序编制，同一招标工程的项目不得重码。

5. 【答案】C

【解析】分部分项工程量清单的项目特征是确定一个清单项目综合单价的重要依据，在编制的工程量清单中必须对其项目特征进行准确和全面的描述。由于工程量清单项目的特征决定了工程实体的实质内容，必然直接决定了工程实体的自身价值。因此，工程量清单项目特征描述的准确与否，直接关系到工程量清单项目综合单价的确定是否准确。

6. 【答案】ABCE

【解析】清单项目特征主要涉及项目的自身特征（材质、型号、规格、品牌）、项目的工艺特征以及对项目施工方法可能产生影响的特征，选项 D 错误。

考点 5 措施项目清单的编制

1. 【答案】D

【解析】由于工程建设施工特点和承包人组织施工生产的施工装备水平、施工方案及其管理水平的差异，同一工程、不同承包人组织施工采用的施工措施有时并不完全一致，因此，《建设工程工程量清单计价规范》（GB 50500—2013）规定：措施项目清单应根据拟建工程的实际情况列项。

2. 【答案】B

【解析】措施项目清单的设置，需要考虑以下内容：

（1）参考拟建工程的合理施工组织设计，以确定环境保护、安全文明施工、临时设施、材料的二次搬运等项目。

（2）参考拟建工程的合理施工技术方案，以确定大型机械设备进出场及安拆、混凝土模板及支架、脚手架、施工排水、施工降水、垂直运输机械、组装平台等项目。

（3）参阅相关的施工规范与工程验收规范，以确定施工方案没有表述的、但为实现施工规范与工程验收规范要求而必须发生的技术措施。

（4）确定设计文件中不足以写进施工方案，但要通过一定的技术措施才能实现的内容。

（5）确定招标文件中提出的某些需要通过一定的技术措施才能实现的要求。

3. 【答案】ACDE

【解析】措施项目清单的设置，需要考虑以下内容：

（1）参考拟建工程的合理施工组织设计，以确定环境保护、安全文明施工、临时设施、材料的二次搬运等项目。

（2）参考拟建工程的合理施工技术方案，以确定大型机械设备进出场及安拆、混凝土模板及支架、脚手架、施工排水、施工降水、垂直运输机械、组装平台等项目。

（3）参阅相关的施工规范与工程验收规范，以确定施工方案没有表述的、但为实现施工规范与工程验收规范要求而必须发生的技术措施。

（4）确定设计文件中不足以写进施工方案，但要通过一定的技术措施才能实现的内容。

（5）确定招标文件中提出的某些需要通过一定的技术措施才能实现的要求。

考点 6 其他项目清单的编制

1. 【答案】D

【解析】总承包服务费应列出服务项目及其内容、要求等。总承包人对发包人自行采购的材料等进行保管及提供配套服务，配合、协调发包人进行的专业工程发包以及对非包范围工程提供配合协调、施工现场管理、已有临时设施使用、竣工资料汇总整理等服务所需的费用。招标人应当预计该项费用并按投标人的投标报价向投标人支付该项费用。

2. 【答案】ABDE

【解析】其他项目清单包括：①暂列金额；②暂估价；③计日工；④总承包服务费。

3. 【答案】B

【解析】其他项目清单包括：①暂列金额；②暂估价；③计日工；④总承包服务费。

4. 【答案】A

【解析】暂列金额应根据工程特点按招标文件的要求列项并估算。暂列金额是发包人在工程量清单中暂定并包括在合同价格中用于工程施工合同签订时尚未确定或者不可预见的所需材料、服务采购，施工中可能发生的工程变更、价款调整因素出现时合同价款调整以及发生工程索赔等的费用。

5. 【答案】BC

【解析】编制工程量清单时，计日工表中的人工应按工种，材料和机械应按规格、型号详细列项。

考点 7 规费项目清单的编制

1. 【答案】B

【解析】规费项目清单应按照下列内容列项：
(1) 社会保险费：包括养老保险费、失业保险费、医疗保险费、工伤保险费、生育保险费。
(2) 住房公积金。

2. 【答案】D

【解析】规费项目清单应按照下列内容列项：
(1) 社会保险费：包括养老保险费、失业保险费、医疗保险费、工伤保险费、生育保险费。
(2) 住房公积金。

3. 【答案】BD

【解析】规费项目清单应按照下列内容列项：
(1) 社会保险费：包括养老保险费、失业保险费、医疗保险费、工伤保险费、生育保险费。
(2) 住房公积金。

考点 8 工程量清单编制说明

1. 【答案】D

【解析】工程量清单编制总说明的工程概况中要对建设规模、工程特征、计划工期、施工现场实际情况、自然地理条件、环境保护要求等做出描述。其中，自然地理条件是指建筑场地所处地理位置的气候及交通运输条件。

2. 【答案】B

【解析】工程量清单编制总说明包括以下内容：
(1) 工程概况。
(2) 招标（或合同）范围。
(3) 工程量清单编制依据。
(4) 工程质量、材料、施工等的特殊要求。
(5) 其他需要说明的事项。

考点 9 最高投标限价概念及编制依据

1. 【答案】D

【解析】对于最高投标限价及其规定，应注意从以下方面理解：
(1) 国有资金投资的建设工程招标，招标人必须编制最高投标限价。
(2) 最高投标限价超过批准的概算时，招标人应将其报原概算审批部门审核。
(3) 投标人的投标报价高于最高投标限价的，招标人应拒绝其投标。
(4) 最高投标限价应由具有编制能力的招标人或受其委托具有相应资质的工程造价咨询人编制和复核。
(5) 最高投标限价应在招标文件中公布，不应上浮或下调，招标人应将最高投标限价及有关资料报送工程所在地的工程造价管理机构备查。最高投标限价的作用决定了其不同于标底，无须保密。

2. 【答案】C

【解析】最高投标限价的编制依据有：
(1)《建设工程工程量清单计价规范》（GB 50500—2013）。
(2) 招标文件（包括招标工程量清单）。
(3) 国家或省级、行业建设主管部门颁发的有关依据。
(4) 建设工程设计文件及相关资料。
(5) 与建设项目相关的标准、规范、技术资料。

(6) 工程特点及拟定的合理施工方案。
(7) 工程计价信息。
(8) 其他的相关资料。

考点 10 最高投标限价的编制内容

1. 【答案】B
【解析】编制最高投标限价时，对计日工中的人工单价和施工机械台班单价可参考省级、行业建设主管部门或其授权的工程造价管理机构公布的单价计算；材料应按工程造价管理机构发布的工程造价信息中的材料单价计算，工程造价信息未发布单价的材料，其价格可参考市场调查确定的单价计算。

2. 【答案】A
【解析】编制最高投标限价时，总承包服务费应按照省级或行业建设主管部门的规定，并根据招标文件列出的内容和要求估算。在计算时可参考以下标准：
(1) 招标人仅要求总承包人对其发包的专业工程进行施工现场协调和统一管理、对竣工材料进行统一汇总整理等服务时，总承包服务费按发包的专业工程估算造价的1.5%左右计算。
(2) 招标人要求总承包人对其发包的专业工程既进行总承包管理和协调，又要求提供相应配合服务时，总承包服务费应根据招标文件列出的配合服务内容，按发包的专业工程估算造价的3%~5%计算。
(3) 招标人自行供应材料、设备的，按招标人供应材料、设备价值的1%计算。

3. 【答案】D
【解析】材料应按工程造价管理机构发布的工程造价信息中的材料单价计算，工程造价信息未发布单价的材料，其价格可参考市场调查确定的单价计算。

考点 11 投标报价编制的原则和依据

1. 【答案】ABCD
【解析】为避免出现差错，要求投标人必须按招标人提供的招标工程量清单填报投标价格，填写的项目编码、项目名称、项目特征、计量单位、工程量必须与招标工程量清单一致。

2. 【答案】ACDE
【解析】工程量清单计价下编制投标报价的原则如下：
(1) 投标人应依据标准和规范的规定自主确定投标报价。投标报价应由投标人或受其委托的工程造价咨询人编制。
(2) 投标人的投标报价不得低于工程成本。
(3) 投标人必须按招标工程量清单填报价格。
(4) 投标报价要以招标文件中设定的承发包双方责任划分，作为设定投标报价费用项目和费用计算的基础。
(5) 应该以施工方案、技术措施等作为投标报价计算的基本条件。
(6) 报价计算方法要科学严谨，简明适用。

3. 【答案】B
【解析】最高投标限价的编制依据有：
(1)《建设工程工程量清单计价规范》(GB 50500—2013)。
(2) 招标文件（包括招标工程量清单）。
(3) 国家或省级、行业建设主管部门颁发的有关依据。
(4) 建设工程设计文件及相关资料。
(5) 与建设项目相关的标准、规范、技术资料。
(6) 工程特点及拟定的合理施工方案。
(7) 工程计价信息。
(8) 其他的相关资料。
投标报价编制的依据有：
(1)《建设工程工程量清单计价规范》(GB 50500—2013)。
(2) 招标文件（包括招标工程量清单）及其补充通知、答疑纪要、异议澄清或修正。
(3) 建设工程设计文件及相关资料。
(4) 工程特点、现场情况及投标人自身满足工程要求的施工方案。
(5) 与建设项目相关的标准、规范等技术资料。

(6) 投标人企业定额、工程造价数据、自行调查的价格信息等。

(7) 其他的相关资料。

考点 12 投标报价的编制方法

1.【答案】BDE

【解析】选项B符合题意，措施项目费由投标人自主确定，但其中安全文明施工费必须按照国家或省级、行业建设主管部门的规定计价，不得作为竞争性费用。

选项D、E符合题意，规费和税金应按国家或省级、行业建设主管部门的规定计算，不得作为竞争性费用。

2.【答案】B

【解析】选项A错误，在招标投标过程中，当招标工程量清单特征描述与设计图纸不符时，投标人应以招标工程量清单的项目特征描述为准，确定投标报价的综合单价。

选项C错误，暂估价中的材料、工程设备暂估价必须按照招标人提供的暂估单价计入清单项目的综合单价，专业工程暂估价按招标工程量清单中列出的金额填写。

选项D错误，总承包服务费根据招标文件中提出的需要投标人提供服务的范围、内容、要求及其招标工程量清单的特征描述自主确定，并列明其相应的计算方法。

3.【答案】D

【解析】选项A错误，总价措施项目费由投标人自主确定，但其中安全文明施工费必须按照国家或省级、行业建设主管部门的规定计价，不得作为竞争性费用。招标人不得要求投标人对该项费用进行优惠，投标人也不得将该项费用参与市场竞争。

选项B错误，暂列金额按招标工程量清单中列出的金额填写。

选项C错误，暂估价中的材料、工程设备暂估价必须按照招标人提供的暂估单价计入清单项目的综合单价，专业工程暂估价按招标工程量清单中列出的金额填写。

4.【答案】D

【解析】其他项目费主要包括暂列金额、暂估价、计日工以及总承包服务费。投标人对其他项目费投标报价时应遵循以下原则：

(1) 暂列金额按招标工程量清单中列出的金额填写。

(2) 暂估价不得变动和更改。暂估价中的材料、工程设备暂估价必须按照招标人提供的暂估单价计入清单项目的综合单价；专业工程暂估价按招标工程量清单中列出的金额填写。材料、工程设备暂估单价和专业工程暂估价均由招标人提供，为暂估价格，在工程实施过程中，对于不同类型的材料与专业工程采用不同的计价方法。

(3) 计日工按招标工程量清单中列出的项目和数量，自主确定综合单价并计算计日工金额。

(4) 总承包服务费根据招标文件中提出的需要投标人提供服务的范围、内容、要求及其招标工程量清单的特征描述自主确定，并列明其相应的计算方法。

5.【答案】D

【解析】暂估价不得变动和更改。投标总价应当与分部分项工程项目、措施项目、其他项目和规费、税金的合计金额一致，即投标人在进行工程量清单招标的投标报价时，不能进行投标总价优惠（或降价、让利），投标人对投标报价的任何优惠（或降价、让利）均应反映在相应清单项目的综合单价中。

6.【答案】D

【解析】综合单价的计算步骤：

(1) 确定计算基础。

(2) 分析每一清单项目的工程内容。

(3) 计算工程内容的工程数量与清单单位的含量。

(4) 分部分项工程人工、材料、施工机具使用费的计算。

(5) 计算综合单价。

7.【答案】D

167

【解析】清单单位含量＝3590/1600＝2.24，综合单价＝（人、料、机＋管理费＋利润）单价×清单单位含量＝（20＋7.4）×2.24＝61.38（元/m³）。

考点 13　合同价款约定

1. 【答案】D

【解析】实行招标的工程合同价款应在中标通知书发出之日起30天内，由发承包双方依据招标文件和中标人的投标文件在书面合同中约定。

2. 【答案】D

【解析】建设规模较大、技术较复杂、工期较长，实际施工与预计施工可能有较大差异，计量计价不可控因素较多，容易导致合同价格产生较大波动的工程，可采用单价合同。建设规模较小、技术难度较低、工期较短，实际施工与预计施工差异较小，计量计价稳定因素较多，合同价格波动较小的工程，可采用总价合同。紧急抢险、救灾以及施工技术先进或特别复杂的工程，可采用成本加酬金合同。

3. 【答案】BCDE

【解析】承发包双方应在合同条款中，对下列事项进行约定：

（1）人工费的金额或比例、支付方式、支付周期和农民工工资专用账户。

（2）预付工程款的比例或金额、支付时间和抵扣方式。

（3）过程结算的节点和计量、计价、支付的依据、程序、比例、时限等。

（4）进度款计量、计价、支付的依据、程序、方法、比例、时限等。

（5）工程质量保证的方式和数额、扣留方式及其时限。

（6）工程保险的类型、范围、投保责任、保险费用支付等。

（7）价格风险分担的内容、范围（幅度）以及超出时的调整办法。

（8）工程量清单缺陷、工程变更、计日工、物价变化、工程索赔、暂列金额等合同价格调整的因素、方法、程序、支付及时限。

（9）违约责任以及发生合同价款争议的解决方法、时间、授权解决争议的工程师及其权限。

（10）竣工结算计量、计价、支付的依据、程序、方法、时限等。

（11）与履行合同、工程价款相关的其他事项。

第十七章　工程计量与支付

考点 1　工程计量

1. 【答案】B

【解析】因承包人原因造成的超出合同工程范围施工或返工的工程量，发包人不予计量。

2. 【答案】ABDE

【解析】计量依据一般有质量合格证书、工程量清单及说明、工程量计算规范、设计图纸、合同条件、技术规范、工程变更指令、有关计量的补充协议等。

3. 【答案】A

【解析】单价合同的计量内容如下：

（1）对采用单价合同的工程进行工程量计量时，若出现工程量清单缺陷引起工程量增减，或因工程变更引起工程量增减，单价计价的清单项目，按承包人在履行合同义务中实际完成并应予计量的工程量计算。

（2）承包人应当按照约定的计量周期和时间向发包人提交当期已完工程的计量报告。发包人应在收到报告后7天内核实，并将核实的计量结果通知承包人。发包人未在约定时间内进行核实的，承包人提交的计量报告中所列的工程量应视为承包人实际完成的应予计量的工程量。

（3）发包人认为需要进行现场计量核实时，应在计量前24小时通知承包人，承包人应为计量提供便利条件并派人参加。当发承包双方均同意核实结果时，应签字确认。承包人收到通知后不派人参加计量的，应视为认可发包人的计量核实结果。发包人不按照约定时间通知承包人，致使承包人未能派人参加计量的，计量核实结果无效。

(4) 当承包人认为发包人核实后的计量结果有误时，应在收到计量结果通知后的 7 天内向发包人提出书面意见，并提供详细的计算资料。发包人收到书面意见后，应在 7 天内对承包人的计量结果进行复核后通知承包人。承包人对复核计量结果仍有异议的，按照争议解决办法处理。

(5) 承包人完成履行合同义务中每个项目的工程量并经发包人核实无误后，发承包双方应对每个项目的历次计量报表进行汇总，以核实最终结算工程量，并在汇总表上签字确认。

考点 2　工程量清单缺陷

1. **【答案】** A

   【解析】 采用单价合同的工程，工程量清单缺陷经发承包双方确认后，应按照下列规定调整合同价格：已标价工程量清单中有适用于工程量清单缺陷项目的，采用该项目的综合单价。当工程量清单缺陷导致该清单项目的工程数量增加超过 15% 时，15% 及以内部分按照清单项目原有的综合单价计算，15% 以外部分由发承包双方根据实施工程的合理成本和利润协商确定综合单价；当工程量清单缺陷导致该清单项目的工程数量减少超过 15% 时，15% 及以内部分按照清单项目原有的综合单价扣减，15% 以外部分由发承包双方根据实施工程的合理成本和利润协商确定其综合单价。

2. **【答案】** D

   【解析】 合同约定范围内 (15% 以内) 的工程款 $=100\times(1+15\%)\times6=115\times6=690$（万元），超过 15% 部分工程量的工程款 $=(120-115)\times5=25$（万元）。该土方工程款合计 $=690+25=715$（万元）。

3. **【答案】** C

   【解析】 由于 $500m^3>400\times(1+15\%)=460(m^3)$，混凝土工程实际工程量超过了清单工程量的 15%，其超出部分的工程量 $=500-460=40(m^3)$，该部分的综合单价需要调整，故该混凝土工程的价款 $=460\times300+40\times300\times0.8=147600$（元）$=14.76$（万元）。

4. **【答案】** C

   【解析】 当工程量偏差项目出现承包人在工程量清单中填报的综合单价与最高投标限价相应清单项目的综合单价偏差超过 15% 时，工程量偏差项目综合单价应予以调整。当投标报价＞最高投标限价×（1－报价浮动率）×（1－15%）或投标报价＜最高投标限价×（1＋15%）时，可不调整。$340\times(1-5\%)\times(1-15\%)=274.55$（元）＜280 元，所以不调整。

5. **【答案】** A

   【解析】 $3000/4000=75\%$，工程量减少超过 15%，需对单价作调整。调整后的综合单价 $=$ 最高投标限价×（1－报价浮动率）×（1－15%）$=600\times(1-10\%)\times(1-15\%)=459$（元/$m^2$）＞450 元/$m^2$，所以综合单价应调整为 459 元/$m^2$。结算价 $=459\times3000=1377000$（元）$=137.70$（万元）。

考点 3　计日工

【答案】 A

【解析】 发包人应在收到承包人提交计日工签证报告后的 2 天内予以确认并将其中一份返还给承包人，作为计日工计价和支付的依据；发包人逾期未确认，也未提出修改意见的，应视为承包人提交的现场签证报告已被发包人认可。

考点 4　物价变化

1. **【答案】** C

   【解析】 采用投标截止日前 28 天（非招标工程为合同签订前 28 天）工程造价管理机构

发布的信息价作为基准价,并且以计量周期工程造价管理机构发布的信息价作为现行市场价格的,可调价因子价格变化按照发包人提供的附录,承包人提供的可调价主要材料表,由发承包双方约定的风险范围按下列规定调整合同价格:

(1) 承包人投标报价中可调价因子单价低于基准价:计量周期工程造价管理机构发布的单价涨幅以基准价为基础超过合同约定的风险幅度值,或材料单价跌幅以投标报价为基础超过合同约定的风险幅度值时,其超过部分按实调整。

(2) 承包人投标报价中可调价因子单价高于基准价:计量周期工程造价管理机构发布的单价跌幅以基准价为基础超过合同约定的风险幅度值,或材料单价涨幅以投标报价为基础超过合同约定的风险幅度值时,其超过部分按实调整。

(3) 承包人投标报价中可调价因子单价等于基准价:计量周期工程造价管理机构发布的单价涨、跌幅以基准价为基础超过合同约定的风险幅度值时,其超过部分按实调整。

2. 【答案】C

【解析】因非承包人原因导致工期延误的,计划进度日期后续工程的价格指数,采用计划进度日期与实际进度日期两者指数的较高者作为现行价格指数;因承包人原因导致工期延误的,计划进度日期后续工程的价格指数,采用计划进度日期与实际进度日期两者指数的较低者作为现行价格指数。

3. 【答案】C

【解析】因为该工程固定要素的系数为0.2,所以可调部分的系数为0.8,又由于钢材费用的系数为0.4,那么剩余未发生变化的系数为(1−0.2−0.4),则工程实际价款变化值为:$1000×\{[0.2+0.4×(1+10\%)+(1−0.2−0.4)×1]−1\}=40$(万元)。

4. 【答案】A

【解析】调整后的合同金额 $=1000×15\%+1000×30\%×106/101+1000×20\%×105/101+1000×35\%×115/105=150+314.85+207.92+383.33=1056.1$(万元)。

5. 【答案】BCE

【解析】C20:投标报价低于基准价,涨幅按基准价算:$327/310−1=5.48\%>5\%$,已超过约定的风险系数,应予调整为:$309+310×0.48\%=310.488$(元)。

C25:投标报价高于基准价,涨幅按报价算:$335/328−1=2.13\%<5\%$,未超过约定的风险系数,不予调整。

C30:投标报价等于基准价,按基准价算:$345/342−1=0.88\%<5\%$,未超过约定的风险系数,不予调整。

考点 5　暂估价和暂列金额

1. 【答案】C

【解析】发包人在招标工程量清单中给定材料暂估价不属于依法必须招标的,应由承包人进行采购定价或自主报价(承包人自产自供的),经发包人确认单价后取代暂估价,调整合同价格。

2. 【答案】A

【解析】暂列金额是指招标人在工程量清单中暂定并包括在合同价款中的一笔款项。用于工程合同签订时尚未确定或者不可预见的所需材料、工程设备、服务的采购,施工中可能发生的工程变更、合同约定调整因素出现时的合同价款调整以及发生工程索赔等的费用。

3. 【答案】AE

【解析】已签约合同价中的暂列金额由发包人掌握使用。发包人按照合同的规定作出支付后,如有剩余,则暂列金额余额归发包人所有。

考点 6　工程变更价款确定

1. 【答案】D

【解析】在履行合同过程中,经发包人同意,监理人可按约定的变更程序向承包人作出变更指示，承包人应遵照执行。没有监理人的变更指示，承包人不得擅自变更。变更指示只能由监理人发出。变更指示应说明变更的目的、范围、变更内容以及变更的工程量及其进度和技术要求，并附有关图纸和文件。承包人收到变更指示后，应按变更指示进行变更工作。

2.【答案】D

【解析】除专用合同条款另有约定外，因变更引起的价格调整按照本款约定处理：

(1) 已标价工程量清单中有适用于变更工作的子目的，采用该子目的单价。

(2) 已标价工程量清单中无适用于变更工作的子目，但有类似子目的，可在合理范围内参照类似子目的单价，由监理人按商定或确定条款变更工作的单价。

(3) 已标价工程量清单中无适用或类似子目的单价，可按照成本加利润的原则，由监理人按商定或确定条款变更工作的单价。

考点 7 不同事件导致的工程索赔

1.【答案】D

【解析】因承包人原因导致工期延误的，按规定调整时间，在工期延误期间出现法律法规与政策变化的，合同价格调增的不予调整，合同价格调减的予以调整。

2.【答案】C

【解析】因不可抗力事件导致的损害及其费用增加，承包人的施工机械损坏应由承包人承担。

3.【答案】DE

【解析】因不可抗力事件导致的工程索赔，发承包双方应按下列原则分别承担并调整合同价格和工期：

(1) 永久工程、已运至施工现场的材料的损坏，以及因工程损坏造成的第三方人员伤亡和财产损失由发包人承担。

(2) 承包人施工设备的损坏及停工损失由承包人承担。

(3) 发包人和承包人承担各自人员伤亡和财

产的损失。

(4) 因不可抗力引起暂停施工的，停工期间按照发包人要求照管、清理、修复工程的费用和发包人要求留在施工现场必要的管理与保卫人员工资由发包人承担。

(5) 因不可抗力影响承包人履行合同约定的义务，引起工期延误的，应当顺延工期，发包人要求赶工的，由此增加的赶工费用由发包人承担。

(6) 其他情形按法律法规规定执行。

4.【答案】ABCE

【解析】赶工费用主要包括：

(1) 人工费的增加，例如新增加投入人工的报酬，不经济使用人工的补贴等。

(2) 材料费的增加，例如可能造成不经济使用材料而损耗过大，材料提前交货可能增加的费用以及材料运输费的增加等。

(3) 机械费的增加，例如可能增加机械设备投入，不经济使用机械等。

考点 8 索赔费用的组成

1.【答案】A

【解析】因窝工引起的设备费索赔，当施工机械属于施工企业自有时，按照机械折旧费计算索赔费用；当施工机械是施工企业从外部租赁时，索赔费用的标准按照设备租赁费计算。

2.【答案】A

【解析】可索赔的费用包括：人工费＝300×8＝2400（元）；租赁机械费＝1000×2＝2000（元）；自有机械费＝400×2＝800（元）。承包商可以向业主索赔的费用＝2400＋2000＋800＝5200（元）。

3.【答案】A

【解析】工期索赔的前提是出现了工期延误，而工程师指示加快施工进度不会产生工期延误，因此无法索赔。选项B可索赔工期、费用、利润；选项C可索赔工期；选项D可索赔工期、费用、利润。

4.【答案】AB

【解析】"施工过程发现文物"和"承包人遇到不利物质条件"只可以索赔工期和费用。"发包人要求向承包人提前交付材料和工程设备"只可以索赔费用。

5. 【答案】BDE

【解析】《标准施工招标文件》中合同条款规定的可以合理补偿承包人索赔的条款中，承包人向发包人既可索赔工期又可索赔费用的事件有：

(1) 提供图纸延误（还可索赔利润）。

(2) 施工过程发现文物、古迹以及其他遗迹、化石、钱币或物品。

(3) 延迟提供施工场地（还可索赔利润）。

(4) 承包人遇到不利物质条件。

(5) 发包人提供的材料和工程设备不符合同要求（还可索赔利润）。

(6) 发包人提供资料错误导致承包人的返工或造成工程损失（还可索赔利润）。

(7) 发包人的原因造成工期延误（还可索赔利润）。

(8) 发包人原因引起的暂停施工（还可索赔利润）。

(9) 发包人原因造成暂停施工后无法按时复工（还可索赔利润）。

(10) 发包人原因造成工程质量达不到合同约定验收标准的（还可索赔利润）。

(11) 监理人对隐蔽工程重新检查，经检验证明工程质量符合合同要求的（还可索赔利润）。

(12) 因发包人提供的材料、工程设备造成工程不合格（还可索赔利润）。

(13) 承包人应监理人要求对材料、工程设备和工程重新检验且检验结果合格（还可索赔利润）。

(14) 发包人在全部工程竣工前，使用已接收的单位工程导致承包人费用增加的（还可索赔利润）。

(15) 不可抗力（部分费用）。

(16) 因发包人违约导致承包人暂停施工（还可索赔利润）。

考点 9 合同价款期中支付

1. 【答案】A

【解析】在具备施工条件的前提下，发包人应在双方签订合同后不迟于约定开工日期的 7 天前预付工程款，发包人不按约定预付，承包人应在预付时间到期后 10 天内向发包人发出要求预付的通知，发包人收到通知后仍不按要求预付的，承包人在发出通知 14 天后有权暂停施工，发包人应从约定应付之日起向承包人支付应付款的利息[利率按全国银行间同业拆借中心公布的贷款市场报价利率（LPR）计]，并承担违约责任。

2. 【答案】D

【解析】在具备施工条件的前提下，发包人应在双方签订合同后不迟于约定开工日期的 7 天前预付工程款，发包人不按约定预付，承包人应在预付时间到期后 10 天内向发包人发出要求预付的通知，发包人收到通知后仍不按要求预付的，承包人在发出通知 14 天后有权暂停施工，发包人应从约定应付之日起向承包人支付应付款的利息[利率按全国银行间同业拆借中心公布的贷款市场报价利率（LPR）计]，并承担违约责任。

3. 【答案】C

【解析】发包人应在开工后 28 天内预付安全文明施工费总额的 50% 给承包人，其余部分应按照提前安排的原则进行分解，并与工程进度款同期支付。对重大工程项目，预付的安全文明施工费总额应按年度工程进度计划分解计算。

考点 10 工程结算

1. 【答案】D

【解析】施工过程结算款的支付比例在合同中予以约定，应不低于当期施工过程结算价款总额的 90%。

2. 【答案】D

【解析】选项 A 正确，发包人委托工程造价咨询人核对竣工结算的，工程造价咨询人应在14天内核对完毕，核对结论与承包人竣工结算文件不一致的，应提交给承包人复核；承包人应在14天内将同意核对结论或不同意见的说明提交给工程造价咨询人。

选项B正确，工程造价咨询人收到承包人提出的异议后，应再次核对，核对无异议的，应于7天内在竣工结算文件上签字确认，竣工结算办理完毕；核对后发包人或承包人认为复核结果有误的，无异议部分应于7天内在竣工结算文件上签字确认，办理不完全竣工结算；有异议部分由发承包双方协商解决；协商不成的，应按照争议解决方式处理。

选项C正确，承包人在收到核对结论后的28天内，未提出书面异议的，应视为工程造价咨询人核对的竣工结算文件已被承包人认可。

选项D错误，发包人在竣工结算支付证书签发后或者在收到承包人提交的竣工结算款支付申请7天后的56天内仍未支付的，除法律法规另有规定外，承包人可与发包人协商将该工程折价，也可直接向人民法院申请将该工程依法拍卖。承包人有权就该工程折价或拍卖的价款优先受偿。

考点 11 质量保证金

1.【答案】B

【解析】发包人累计扣留的质量保证金不得超过工程价款结算总额的3%。

2.【答案】CE

【解析】选项A错误，保修期内，因发包人使用不当造成工程的缺陷、损坏，可以委托承包人修复，但发包人应承担修复的费用，并支付承包人合理利润。

选项B错误，保修期内，因承包人原因造成工程的缺陷、损坏，承包人应负责修复，并承担修复的费用，因工程的缺陷、损坏造成的人身伤害和财产损失。

选项C正确，因其他原因造成工程的缺陷、损坏，可以委托承包人修复，发包人应承担修复的费用，并支付承包人合理的利润，因工程的缺陷、损坏造成的人身伤害和财产损失由责任方承担。

选项D错误，保修期内，发包人在使用过程中，发现已接收的工程存在缺陷或损坏的，应书面通知承包人予以修复，但情况紧急必须立即修复缺陷或损坏的，发包人可以口头通知承包人并在口头通知后48小时内书面确认，承包人应在专用合同条款约定的合理期限内到达工程现场并修复缺陷或损坏。

选项E正确，因承包人原因造成工程的缺陷或损坏，承包人拒绝维修或未能在合理期限内修复缺陷或损坏，且经发包人书面催告后仍未修复的，发包人有权自行修复或委托第三方修复，所需费用由承包人承担，但修复范围超出缺陷或损坏范围的，超出范围部分的修复费用由发包人承担。

考点 12 合同价款争议的解决

【答案】C

【解析】发承包双方在收到工程师的暂定结果通知之后的14天内未对暂定结果予以确认也未提出不同意见的，应视为发承包双方已认可该暂定结果。

第十八章 工程总承包计价

考点 1 工程总承包计价原理

【答案】C

【解析】具有下列情形时，发包人不宜采用设计采购施工总承包（EPC），可采用设计施工总承包（DB）：

(1) 投标人没有足够的时间或信息仔细审核发包人要求，或没有足够的时间或信息进行设计、风险评估和估价。

(2) 施工涉及实质性地下工程或投标人无法检查的其他区域的工程。

(3) 发包人要密切监督或控制承包人的工作，或审查大部分施工图纸。

考点 2 工程总承包最高投标限价与投标报价编制

【答案】A

【解析】《建设项目工程总承包计价规范》(T/CCEAS 001—2022)规定，发包人宜选择设置标底进行招标发包，以利于在充分竞争的基础上合理确定工程价款。当选择设置标底时，一个招标项目只能有一个标底，标底应保密。当发包人选择设置最高投标限价时，应在招标文件中明确最高投标限价。

考点 3 工程总承包合同价款约定

【答案】ABDE

【解析】建设项目工程总承包中，发包人应根据采用的工程总承包模式以及发承包依据的基础条件，按照权责对等和平衡风险分担的原则，在发包人要求、工程总承包合同中明确计价的风险范围。存在下列情形时，造成合同工期和价格的变化主要由发包人承担：
(1) 国家法律发生变化。
(2) 专用合同条款中约定的人工、主要材料等市场价格变化超过合同约定幅度。
(3) 可行性研究报告批准或方案设计后发包，发包人要求和方案设计发生变更；初步设计后发包，发包人要求和初步设计发生变更。
(4) 不可预见的地质条件、地下掩埋物等变化。
(5) 不可抗力。
具体风险分担内容由发承包双方根据采用的工程总承包模式在专用合同条件中约定。

考点 4 工程总承包合同价款调整与索赔

【答案】D

【解析】《中华人民共和国施工标准文件》中仅规定了监理人应在收到索赔通知书或有关索赔的进一步证明文件后 42 天内，将索赔处理结果答复承包人，但未明确规定未按期答复的处理方式。《中华人民共和国标准设计施工总承包招标文件》中则明确规定，监理人在 42 天内不予答复的，视为其认可索赔。

考点 5 工程总承包项目结算与支付

【答案】B

【解析】工程总承包的发承包双方应按照合同约定的时间、程序和方法，在合同履行过程中根据完成进度计划的里程碑节点办理期中价款结算，并按照合同价款支付分解表支付进度款，进度款支付比例不应低于80%。发承包双方可在确保承包人提供质量保证金的前提下，在合同中约定进度款支付比例。

第十九章 国际工程投标报价

考点 1 国际工程投标报价构成及程序

1. 【答案】B

【解析】国际工程投标报价中的现场管理费包括：
(1) 工作人员费。
(2) 办公费。
(3) 差旅交通费。
(4) 文体宣教费。
(5) 固定资产使用费。
(6) 国外生活设施使用费。
(7) 工具用具使用费。
(8) 劳动保护费。
(9) 检验试验费。
(10) 其他费用。
工程辅助费、临时设施工程费和工程保险费属于其他待摊费。

2. 【答案】D

【解析】待摊费用项目不在工程量清单上出现，而是作为报价项目的价格组成因素隐含在每项综合单价之内。

【知识拓展】国际工程投标报价组成见下表。

国际工程投标总报价组成	人工费		
	材料费		
	施工机具使用费		
	待摊费	现场管理费	工作人员费
			办公费
			差旅交通费
			文体宣教费
			固定资产使用费
			国外生活设施使用费
			工具用具使用费
			劳动保护费
			检验试验费
			其他费用
		其他待摊费	临时设施工程费
			保险费
			税金
			保函手续费
			经营业务费
			工程辅助费
			贷款利息
			总部管理费
			利润
			风险费
	开办费		
	分包工程费	分包报价	
		总包管理费和利润	
暂列金额（招标人备用金）			

考点 2　国际工程投标报价编制

1.【答案】AE

【解析】参加标前会议应注意以下几点：

(1) 对工程内容范围不清的问题应当提请说明，但不要表示或提出任何修改设计方案的要求。

(2) 对招标文件中图纸与技术说明互相矛盾之处，可请求说明应以何者为准，但不要轻易提出修改技术要求。如果自己确实能提出对业主有利的修改方案，可在投标报价时提出，并做出相应的报价供业主选择而不必在会议中提出。

(3) 对含糊不清、容易产生歧义理解的合同条件，可以请求给予澄清、解释，但不要提出任何改变合同条件的要求。

(4) 投标人应注意提问的技巧，不要批评或否定业主在招标文件中的有关规定，提问的问题应是招标文件中比较明显的错误或疏漏，不要将对己方有利的错误或疏漏提出来，也不要将己方机密的设计方案或施工方案透露给竞争对手，同时要仔细倾听业主和竞争对手的谈话，从中探察他们的态度、经验和管理水平。

2. 【答案】D

【解析】在工程所在国当地采购的材料设备，其价格应为施工现场交货价格。

3. 【答案】B

【解析】暂列金额是业主在招标文件中明确规定了数额的一笔资金，标明用于工程施工，或供应货物与材料，或提供服务，或应付意外情况，亦称待定金额或备用金。承包商在投标报价时均应将此暂列金额计入工程总报价，但承包商无权做主使用此金额，这些项目的费用将按照业主工程师的指示与决定，全部或部分使用。

考点 3　国际工程投标报价的技巧

1. 【答案】AD

【解析】报价可低一些的工程如下：
（1）施工条件好的工程。
（2）工作简单、工程量大而一般公司都可以做的工程。
（3）本公司目前急于打入某一市场、某一地区，或在该地区面临工程结束，机械设备等无工地转移时。
（4）本公司在附近有工程，而本项目又可利用该工地的设备、劳务，或有条件短期内突击完成的工程。
（5）竞争对手多，竞争激烈的工程。
（6）非急需工程。
（7）支付条件好的工程。

2. 【答案】BE

【解析】报价可高一些的工程如下：
（1）施工条件差的工程。
（2）专业要求高的技术密集型工程，而本公司在这方面又有专长，声望也较高。
（3）总价低的小型工程以及自己不愿意做、又不方便投标的工程。
（4）特殊的工程，如港口码头、地下开挖工程等。
（5）工期要求急的工程。
（6）竞争对手少的工程。
（7）支付条件不理想的工程。

3. 【答案】D

【解析】采用不平衡报价法一般考虑的因素：能够早日结账收款的项目（如开办费、土石方工程、基础工程等）可以报得高一些，以利于资金周转，后期工程项目（如机电设备安装工程、装饰工程等）可适当降低。

第二十章　工程计价数字化与智能化

考点 1　BIM 在工程计价中的应用

【答案】D

【解析】BIM 对工程计价的影响：
（1）提高数据一致性和准确性。
（2）提高计价效率。
（3）支持价值工程。
选项 D 属于人工智能对工程计价的影响。

考点 2　人工智能在工程计价中的应用

【答案】ABDE

【解析】人工智能在工程计价中应用的场景：
（1）人工智能在投资估算中的应用。
（2）人工智能在设计概算中的应用。
（3）人工智能在施工图预算中的应用。
（4）人工智能在工程量清单计价中的应用。
（5）人工智能在竣工结算中的应用。

考点 3　大数据在工作计价中的应用

【答案】A

【解析】大数据对工程计价领域的影响主要表现在以下几个方面：
（1）提高计价准确性和效率。
（2）数据来源的多样化。
（3）实时数据的应用。

亲爱的读者：

如果您对本书有任何感受、建议、纠错，都可以告诉我们。

我们会精益求精，为您提供更好的产品和服务。

祝您顺利通过考试！

扫码参与调查

环球网校建造师考试研究院